# 『지식은 내 친구』

세상을 더 넓게, 더 깊이!
세상의 모든 지식을 내 친구처럼 가깝게 만나 보세요.

### 페터 볼레벤

전 세계에서 큰 인기를 누리는 생태 작가로, 나무의 언어를 풀어내는 나무 통역사, 숲 생태계의 신비함을 전하는 숲 해설가로 불립니다. 1964년에 독일 본에서 태어나 로텐부르크 임업대학을 졸업하고 20년 넘게 라인란트팔츠주의 산림과 공무원으로 일했습니다. 그 후 독일 중서부 휨멜 조합의 산림경영지도원으로 활동하며 농약을 쓰지 않고 기계 대신 말이나 사람의 손을 이용해 산림을 관리하는 친환경적 산림 경영을 실천하였습니다. 텔레비전과 라디오 등 다양한 매체와 강연, 세미나, 저서를 통해 동식물의 신비롭고 놀라운 삶과 숲 생태계 회복을 힘주어 말합니다. '나무의 말'이라는 새로운 생명의 언어에 눈을 뜨게 해 주는 《나무의 말이 들리나요?》에 이어 《동물들이 어디 사는지 아나요?》에서 다시 한번 지구에서 함께 살아가는 동물의 삶에 대한 탐구 여행으로 이끕니다.

### 이유림

경희대학교와 같은 대학 대학원에서 철학을, 베를린에서 영화학을 공부하고 지금은 좋은 어린이책을 소개하는 전문 번역가로 활동합니다.《진화-살아 있는 모든 것들의 수수께끼》,《인간-너와 그 속에 사는 수많은 이들의 기적》,《바람 저편 행복한 섬》등 여러 책을 우리말로 옮겼습니다.

---

**일러두기**
본문 괄호 안의 * 표기 내용은 편집자 주입니다.
동물 이름은 국립국어원에 등재된 단어를 기준으로 하고 백과사전의 표기를 따랐습니다.
일부 고유 명사는 괄호 안에 독일어를 병기했으며, 일부는 이탤릭체로 학명을 표기했습니다.

---

지식은 내 친구 022

## 동물들이 어디 사는지 아나요?

**초판 1쇄** 2023년 10월 10일
**지음** 페터 볼레벤 | **옮김** 이유림 | **펴낸이** 박강희 | **펴낸곳** 논장 | **등록** 제10-172호 · 1987년 12월 18일
**주소** 10881 경기도 파주시 회동길 329 | **전화** 031-955-9164 | **전송** 031-955-9167
**ISBN** 978-89-8414-518-4 73490

**Weißt du wo die Tiere wohnen?** Eine Entdeckungsreise durch Wiese und Wald
Text by Peter Wohlleben, illustrations by Stefanie Reich
© Verlag Friedrich Oetinger, Hamburg 2019
Korean translation copyright © 2023 by Nonjnag Publishing Co.
Korean language edition arranged through
Agency Chang, Daejeon, Verlag Friedrich Oetinger, Hamburg.

이 책의 한국어판 저작권은 에이전시 창을 통해 독일 외팅거 출판사와 독점 계약한 논장에 있습니다.
저작권법에 의해 한국 내에서 보호를 받는 저작물이므로 무단 전재와 복제를 금합니다.

· 책값은 뒤표지에 있습니다.  · 잘못 만들어진 책은 구입하신 서점에서 바꾸어 드립니다.

**제품명** 도서 | **제조자명** 논장 | **제조국명** 대한민국 | **사용연령** 8세 이상 | **제조연월일** 2023년 10월 10일  · KC 마크는 이 제품이 공통안전기준에 적합하였음을 의미합니다.
⚠ 주의 종이에 베이거나 긁히지 않도록 조심하세요.

PETER WOHLLEBEN

# 동물들이 어디 사는지 아나요?

들판과 숲으로 떠나는 탐구 여행

페터 볼레벤 지음 | 이유림 옮김

논장

## 차례

함께 탐구 여행을 떠나요! **6**

### **8** 주위에 있는 동물 관찰하기
정원 탐험 **10**
집과 자동차 사이의 만남 **12**
시냇물과 빗물받이 통 탐구하기 **14**
숲속에서 흔적 찾기 **16**

### **18** 동물이 사는 곳
언제나 떠돌아다녀요 **20**
남쪽으로 출발! **22**
이사는 절대 안 가요 **24**
셰어 하우스 **26**
이민 간 동물들-작은 사슴, 커다란 새, 점 많은 무당벌레 **28**

### **30** 동물이 먹는 것
가장 좋은 것은 아기한테 **32**
싱싱한 푸른 잎 **34**
냄새는 고약해도 맛은 좋아요 **36**
잡아먹히지 않으려면 **38**

### **40** 동물의 언어
노래하기, 히힝거리기, 방귀 뀌기-말하는 방법이 다양해요 **42**
말없이 이해하기 **44**
뻔뻔스러운 새, 간지럼 타는 개 **46**
동물들의 패션쇼 **48**
신기한 딱정벌레들-초롱불 동물, 높이뛰기 선수, 폭발 대마왕 **50**

### **52** 아기 동물은 작아요
시원하고 촉촉해요-양서류의 아기방 **54**
이토록 많은 형제자매들! 곤충들의 유치원 **56**
포근하고 아늑한 집-둥지 속 아기 새들 **58**
아무 힘도 없지만 보호받아요-어린 포유류 **60**

### **62** 아기 동물은 어떻게 자랄까요?
부모가 없어도 외롭지 않아요 **64**
억지로 만든 대리 부모 **66**

제발, 너무 달라붙지 마요　68
영원히 함께　70

## 72　동물은 어떻게 느낄까요?

두려움에 대하여　74
용기를 내요!　76
잠의 요정이 찾아왔어요　78
가장 친한 친구　80

## 82　어려울 때면 함께 살아요

남들과 달라요　84
너무 많아지진 않아요　86
함께하면 더 나아요　88
동물이 늙으면　90
별나게 잠자는 동물들 - 활공 수면, 잠꾸러기, 뇌 곡예　92

## 94　동물과 날씨

우산이 없어도 괜찮아요　96
추워도 외투를 안 입어요　98
더위 식히기　100
돌처럼 딱딱한 비　102

## 104　동물들이 위험해요

동물은 신호등을 몰라요　106
숲이 위험해져요　108
쓰레기를 치워요!　110
너무 더우면 불쾌해져요　112
독특한 동물들 - 닮은 꼴, 비행 곡예사, 잠수 예술가　114

## 116　집에 사는 동물들

포로일까, 친구일까?　118
물속에서 숨 쉬기　120
상자 속 자연　122
집 안에 같이 사는 작은 동물들　124

사진 출처　126

# 함께 탐구 여행을 떠나요!

**아**저씨는 어릴 때부터 다양한 동물과 어울려 살았어요. 직접 빈 유리병에 밀웜을 담아 기른 적도 있는데, 밀웜은 좀 더 자라 번데기가 되었고 얼마 안 가 허물을 벗고 어른벌레인 갈색거저리가 되었죠. 할머니 전기방석에서 달걀을 부화시키기도 했어요. 병아리가 엄마 대신 아저씨를 받아들이는지 보려고요. 그러더라고요. 정말 병아리가 부화하더니 아저씨를 졸졸 따라다녔다니까요!

**게**다가 늘 자연 속을 신나게 돌아다녔어요. 개구리를 따라 개굴개굴 울음소리를 흉내 내고 숲에서 멧돼지 냄새가 나는지 킁킁댔어요. 결국 산림경영지도원이 되어서 날마다 동물을 관찰했답니다. 산림경영지도원이 지내는 집에는 닭, 염소, 말, 개 들이 함께 살아요. 그 동물들한테서 동물들이 서로 어떻게 의사소통을 하는지, 동물의 언어를 비롯해 굉장히 많은 것을 배울 수 있었지요. 동물은 아저씨 인생에서 아주아주 중요해요. 지금까지 배운 너무나도 많은 흥미진진한 사실을 여러분에게도 알려 주고 싶어서 우리 숲학교에서는 숲속 탐방 프로그램을 정기적으로 진행한답니다.

**하**지만 모든 어린이가 아저씨가 있는 독일 아이펠까지 찾아올 수는 없잖아요. 그래서 이 책을 쓴 거예요. 앞으로 하나하나, 숲이나 우리 집에서 또는 여기저기 돌아다니다가 만난 수많은 동물 이야기를 할 거예요. 아주 멀리, 예를 들어 바다에 사는 동물들도 나올 거예요. 그곳에도 흥미진진한 이야기가 많으니까요. 여러분은 집 안팎에서 놀면서 이 책에서 본 내용을 발견하고 더 자세히 관찰하거나 직접 따라 해 볼 수 있어요. 혼자서 할 수도 있지만 엄마, 아빠나 친구들과 함께 해 보세요. 그러다 틈틈이 퀴즈를 풀어 봐도 좋겠죠?

**이**제 동물의 세계에서 어떤 일이 일어나는지 알게 될 거예요. 은밀하고 흥미롭고 위험하고 재미난 사실이 얼마나 많은지 몰라요. 새가 왜 새끼가 아니라 알을 낳는 편이 좋은지 아나요? 물고기들이 방귀로 이야기를 한다는 사실은 상상도 못 했죠? 지렁이가 왜 비를 무서워하는지, 까마귀가 어떻게 개를 골려 주는지, 달팽이를 방 안에서 기르려면 무엇이 필요한지도 이야기할 거랍니다.

**동**물에 대한 책을 쓰는 건 굉장히 즐거워요. 그래도 혼자서 다 해야 했다면 아마도 이 책을 완성할 수 없었을 거예요. 지난여름 아주 더운 날, 마리트, 헨릭, 미아, 루트비히, 로미, 유스투스와 엘리아스가 아저씨를 찾아왔어요. 우리는 동물의 흔적을 찾아 동물을 따라가면서 여러 가지 일을 함께 해 봤지요. 그때 사진작가 옌스 슈타인개서 선생님이 사진을 여러 장 찍어 주었어요. 이 책이 어떤 모양이 되어야 할지는 안야 피셔 선생님이랑 의논했고요. 피셔 선생님은 아저씨가 중요한 사실을 빼먹지 않도록 도와주었지요. 슈테파니 라이히 선생님은 동물 그림을 재미나게 그려 주었고 다그마어 헤르만 선생님은 글이랑 사진, 그림이 잘 어울리게 해 주었어요.

**자,** 이제 탐구 여행을 시작해 볼까요? 아저씨는 준비가 다 됐어요. 우리 함께 동물의 흔적을 찾고 그 세계를 발견해 봐요!

아저씨는 여러분이 집 안이나 집 밖에서 무엇인가 뚝딱뚝딱 만들고 탐구하고 직접 해 볼 수 있는 활동을 소개할 거예요. 그런 활동을 할 때는 언제나 어른과 함께 해야 해요. 어딘가에 구멍을 뚫거나 톱질을 해야 한다면 더더욱 그렇죠. 탐구하고 싶은 동물을 조심스럽게 다루어야 한다는 걸 절대 잊지 마세요!

# 주위에 있는 동물 관찰하기

8

동물을 관찰하려고 굳이 동물원까지 갈 필요는 없어요. 작은 동물은 어디에나 있거든요. 꽃씨를 흩뿌리는 개미, 비가 내리는 날에만 밖으로 나오는 달팽이, 빗물받이 통에 사는 장구벌레 등 흥미로운 동물을 아주 가까운 곳에서 발견할 수 있어요.

# 정원 탐험

동물들은 왜 정원에 많이 살까요?
그곳이 아주 편안하기 때문이에요. 특히 온갖 풀과 작은 나무,
돌멩이로 어수선한 정원에는 먹을 게 많아서 잘 먹고살 수 있어요.

비가 내리는 날에는 민달팽이가 숨어 있던 곳에서 기어 나와요.

**대**부분의 동물들은 수줍음을 많이 타요. 커다란 동물일수록 더 그래요. 그러니까 동물을 관찰할 때는 작은 동물부터 살피는 게 편해요. 작은 동물은 아주 오래, 때로는 평생을 정원에서 보내는 데다, 커다란 동물과 달리 여러분이 나타났다고 재빨리 도망치지도 않아요.

**개**미를 볼까요? 개미는 온 풀밭뿐만 아니라 길 위를 이리저리 기어다니면서 땅속에 집을 지어요. 돌 밑이나 죽은 나무 아래에 짓기도 하고요. 위에서 내려다보면 꼭 두더지가 파 놓은 구멍의 축소판 같아요. 작은 구멍 주위에 아주 고운 흙더미가 소복이 쌓여 있지요. 개미를 관찰할 땐 조심해야 해요. 물거나 찌르는 개미도 있거든요. 홍개미처럼요. 보통은 개미한테 물려도 그리 위험하지는 않지만 쐐기풀에 스쳤을 때처럼 따끔따끔해요. 개미는 벌이랑 친척이고, 다 알다시피 벌은 침을 쏘잖아요!

## 따라 해 보세요!

다람쥐를 관찰하고 싶다면 다람쥐 먹이 상자를 준비해 보세요. 뚜껑을 여닫을 수 있게 만든 상자를 나무에 매달아 놓으면 돼요. 새들이 먹는 모이를 그 안에 넣어 놓자고요? 아니, 이 상자는 다람쥐를 위한 거니까 도토리나 해바라기씨를 넣는 게 더 나아요. 다람쥐는 뚜껑을 들어 올려 먹이를 꺼낼 수 있지만 새는 그러지 못해요. 새가 뚜껑을 들어 올릴 수 있다면 다람쥐 먹이까지 다 먹어 치우겠죠. 다람쥐가 상자 속에 무엇이 있는지 알아차릴 때까지 몇 주일이 걸리기도 해요. 다람쥐가 좀 더 일찍 알게 하려면 상자와 뚜껑 사이에 도토리를 끼워 놓으세요. 그 도토리를 꺼내면서 다람쥐는 자기가 뚜껑을 들어 올릴 수 있다는 사실을 배울 거예요.

## 개미 쓰레기

혹시 정원에 물망초가 있나요? 그럼 물망초꽃이 해마다 다른 자리에서 피는 걸 보았겠네요. 활짝 피었던 물망초꽃이 지면 씨앗이 맺히는데 그 씨앗마다 자그마한 혹(*'유질체'라고도 하는 영양 물질)이 달려 있어요. 개미들은 이걸 무척 좋아해서 씨앗들을 모아 집으로 가져간답니다. 그리고 둘러앉아 씨앗에 붙은 혹을 맛있게 먹어요. 혹을 먹고 남은 씨앗은 다시 개미 집 밖에 쓰레기로 버려요. 그러면 이듬해에 개미가 버린 쓰레기 더미 위에서 물망초가 새로이 피어나지요.

**손**으로 만지기가 좀 꺼림칙한 동물이 정원에 또 있어요. 바로 달팽이예요. 비가 내린 다음 꽃밭에는 끈적끈적한 달팽이가 부쩍 많이 돌아다닐 거예요. 물론 그 전에도 달팽이는 거기 살았어요. 하지만 햇볕에서는 몸이 금방 말라 버리기 때문에 날씨가 좋을 때는 나뭇잎이나 돌 아래 숨어 지내다 밤이 되어야 활동을 해요. 더구나 민달팽이는 자기 몸을 덮어 줄 집이 없기 때문에 어둡거나 흐릴 때만 밖으로 기어 나와요.

**새**는 나무나 덤불에 잎이 별로 없는 겨울에 특히 잘 관찰할 수 있어요. 눈에 잘 띄니까요. 집 안에 편안히 앉아 있어도 박새나 지빠귀가 먹이 쪼아 먹는 모습을 내다볼 수 있지요. 이 시기에는 들판이나 숲에 먹을 게 거의 없어요. 그러니까 새가 먹을 수 있게끔 모이통을 두는 것도 좋은 생각이에요. 이때 새들은 배만 고픈 게 아니라 목도 말라요. 대개 정원 주인은 이 사실을 미처 떠올리지 못하지만요. 모든 게 꽁꽁 얼어붙었다면 당연히 작은 연못이나 웅덩이 물도 그럴 거고, 새들은 물을 마실 수 없겠지요. 만약 정원 주인이 따뜻한 물 한 대접을 정원에 놓아둔다면 새들이 무척 좋아할 거예요. 몹시 추운 겨울날 거기서 목욕도 곧잘 한답니다!

**그**러다 봄이 오면 많은 새가 둥지를 지을 굴을 찾아다녀요. 움푹 들어간 굴에 둥지를 지으면 고양이나 다람쥐가 알이나 새끼에게 다가오지 못하거든요. 정원에는 이런 굴이 거의 없으니까 둥지 상자를 만들어서 나무에 걸어 주면 좋아요. 둥지 상자는 새들이 드나들 수 있게 구멍을 뚫어 놓은 상자예요. 이 구멍의 크기에 따라 다른 종류의 새들이 살지요. 푸른박새는 구멍 지름이 2.8센티미터면 돼요. 물론 구멍이 더 큰 상자에도 들어갈 수 있지만 그럼 힘이 더 센 다른 박새가 들어와서 푸른박새를 쫓아낼 거예요. 예를 들면, 검은 머리에 목덜미가 희고 예쁜 노랑배박새 같은 새 말이에요. 푸른박새보다 덩치가 큰 노랑배박새는 구멍 지름이 적어도 3.2센티미터는 되어야 하지요. 참새와 찌르레기는 더 큰 구멍이 필요해요. 구멍의 크기가 다른 상자를 여러 개 걸어 두면 다양한 종의 새가 알을 품는 것을 볼 수 있어요.

정원에 어수선하게 쌓인 돌 더미는 여러 동물에게 멋진 집이 되어 준답니다.

# 집과 자동차 사이의 만남

보통 도시에서는 동물을 관찰할 수 없다고 생각해요.
자동차 도로가 사방으로 뻗은 데다 삐죽이 솟은 빌딩들 때문에
동물을 만나기 어려울 거라고요. 하지만 틀린 생각이에요.

**많**은 동물한테 사람이 사는 집들은 그저 모양이 비슷비슷한 산일 뿐이에요. 동물은 사람이 만들어 놓은 이 산들 사이에서도 잘 살아갈 수 있답니다. 다만 그곳에 식물도 있어야만 하지요.

**동**물들이 가장 좋아하는 건 나무예요. 새는 나뭇가지에 둥지를 틀고 벌은 나무에 핀 꽃에서 꿀을 얻어 마셔요. 다람쥐나 쥐는 나무 열매를 맛있게 먹고 나비의 애벌레는 나뭇잎을 갉아 먹으며 양분을 얻어요. 나무 밑 땅속에 사는 진드기 같은 작은 동물은 나무껍질이 벗겨지면 자기가 먹을 수 있다고 좋아해요. 그러니까 딱 한 그루의 나무라도 동물에게는 너무나 소중해요. 물론 나무가 많으면 많을수록 더 좋겠지요. 그래서 가장 좋은 건 공원이에요. 어느 정도 숲이랑 비슷한 역할을 하거든요. 길가에 늘어선 가로수 역시 인간과 동물에게 아주 좋은 선물이랍니다.

자연은 우리가 걸어 다니는 길에서도 찾을 수 있어요. 민들레는 갈라진 아스팔트 틈에서도 피어나지요.

**나**무만 동물의 마음에 드는 게 아니에요. 풀도 매우 중요해요. 심지어 특별히 가꾸지 않아도 저절로 나는 식물은 차선 사이에 있는 교통섬이나 길가에서도 흔히 자라나지요. 그럼 곤충들도 그곳에 자리 잡고 살아요. 그래서 이런 작은 풀밭은 너무 자주 깎으면 안 된답니다.

**뜻**밖이겠지만, 숲에서보다 도시에서 동물을 관찰하기가 더 쉬워요. 도시에 사는 동물은 인간에게 익숙하기 때문이에요. 도시의 동물은 그리 수줍어하지 않고 여러분이 아주 가까이 다가오게끔 놔둔답니다. 오히려 그 동물도 우리를 구경하지요! 어느 날 아침 프랑크푸르트의 전차 정류장에서 까마귀 한 마리를 봤는데, 부리에

호두를 물고는 교통섬 풀 속에 숨기려던 참이었어요. 그 까마귀는 아저씨가 지켜본다는 사실을 눈치채자 호두를 다시 꺼내서 다른 곳에 숨겼어요. 아저씨가 호두를 뺏어 먹고 싶어 한다고 생각했나 봐요. 그러니까 우리만 동물을 관찰하는 게 아니라 동물도 우리를 관찰해요!

비둘기 관찰은 더욱 쉬워요. 심지어 비둘기 주변 1미터 둘레까지 다가갈 수 있지요. 도시의 비둘기는 대개 전서구(*사람들이 편지를 나르도록 훈련시킨 비둘기)와 산비둘기의 후손이에요. 즉 인공적으로 짝짓기를 시킨 동물과 야생 동물의 후손이지요. 그렇지만 비둘기가 반쯤 길들여진 건 단지 그래서만은 아니에요. 비둘기는 자기가 즐겨 먹는 음식이 사람한테서 온다는 사실을 알아요. 비둘기는 누군가 흘린 빵이나 감자튀김을 자주 발견해 쪼아 먹거든요. 때로는 누가 자기를 위해 뭔가 떨어뜨리길, 말 그대로 기다린답니다.

도시에서 동물을 관찰하기에 가장 좋은 시간은 한밤중이에요. 언젠가 아주 늦은 시간, 캄캄할 때 부모님과 함께 집에 돌아온 적이 있지 않나요? 아니면 밤늦게 창밖을 내다본 적은요? 그런 시간에는 돌아다니는 사람도 별로 없고 자동차도 거의 없어요. 그때 동물들이 많이 돌아다녀요. 아저씨가 사는 곳에서는 여우, 담비 같은 커다란 동물들이 인도를 넘어 멀리까지 소풍을 가요. 가로등 불빛 덕분에 그 모습을 볼 수 있지요.

## 동물·정보

### 도시 비둘기

많은 사람이 도시에 사는 비둘기를 싫어해요. 똥을 싸서 건물을 더럽히는가 하면 길을 가는 사람들의 머리 위에도 가끔 실례를 하거든요. 사실 조금 더럽긴 해요. 하지만 비둘기라고 별 뾰족한 수가 있겠어요? 새들이 들어갈 수 있는 화장실이 있는 것도 아닌데. 그 수가 너무 많지만 않다면 도시에서도 비둘기와 함께 살 수 있어요. 혹시 비둘기가 구구거리며 따라다녀도 모이를 주지 마세요. 안 그러면 비둘기가 점점 더 많아질 테니까요.

### 함께 해 봐요!

도시에 좀 더 풍부한 자연을 선물해 주고 싶다면 씨앗 폭탄을 던져 보세요. 아, 겁낼 필요는 없어요. 진짜 폭발하지는 않으니까요. 씨앗 폭탄 만드는 방법을 알아볼까요? 우선 바닥에 있는 진흙을 한 줌 쥐어요. 만약 진흙이 잘 뭉쳐지지 않는다면 물을 좀 뿌려서 적시면 돼요. 그다음 들꽃의 씨앗을 속에 집어넣고 동그란 공 모양으로 빚어요. 이 공을 말려서 오래 보관해도 되지만 봄이나 여름에 비어 있는 땅에 당장 던져요. 몇 주가 지나면 그 자리에서 들꽃이 피고 곤충들은 먹을 게 생길 거예요.

## 시냇물과 빗물받이 통 탐구하기

물속에 사는 동물을 관찰하기는 그리 쉽지 않아요.
물속 동물들은 대개 꼭꼭 숨어 있거든요. 왜 그럴까요?
새들을 두려워하기 때문이지요.

물고기 메뉴를 좋아하는 새들이 많거든요. 물수리는 1미터 넘는 길이로 날개를 펼치고 저수지나 강을 내려다보며 공중비행을 하다 물고기를 낚아채 먹는답니다. 흰가슴물까마귀는 물수리보다 작은 덩치로 시냇물 속 돌 밑에 사는 작은 벌레나 갑각류를 먹지요. 시냇가에서 물속의 돌 하나를 집어서 올려 보세요. 돌 밑면에 붙어 있는 작은 벌레가 보일 거예요. 혹시 그중에 꽁무니에 더듬이가 두 개 달린 갈색 동물이 있나요? 그건 강도래의 애벌레예요. 그 애벌레가 나오면 좋은 신호예요. 강도래는 아주 깨끗한 물이 흐르는 곳에서만 살거든요.

어쩌면 물속의 돌 사이에서 이리저리 움직이는 작은 대롱이 눈에 띌 수도 있어요. 그건 날도래의 애벌레랍니다. 어떤 종류의 날도래 애벌레는 무엇이든 자기가 찾아낸 것으로 가느다란 대롱 모양의 집을 만들어 그 속에 들어가 생활해요. 적으로부터 자기를 지키기 위해서이지요. 작은 모래알, 돌, 물풀은 물론이고 달걀 껍데기, 유리 조각 등 무엇이든 집을 지을 훌륭한 재료가 되어요. 어떤 재료로 집을 짓느냐는 그때 물속에 무엇이 놓여 있느냐에 따라서 달라요.

### 따라 해 보세요!

시냇물 속을 들여다보고 싶다면 유리병만 있으면 돼요. 바닥이 평평하고 뚜껑이 없는 유리병을 아무거나 들고 나와 보세요. 그걸 물속에 집어넣는데, 유리병 입구로 아무것도 들어가지 않을 만큼 깊게 집어넣으세요. 이제 유리병 속을 보거나 유리병 옆면을 통해 시냇물 속을 들여다보세요. 웬만한 물안경은 저리 가라일걸요!

작은 웅덩이도 많은 동물의 집이에요. 삼월이면 이곳에 개구리와 두꺼비가 알을 낳아요. 산개구리는 한 번에 천 개가 넘는 알을 낳기도 하는데, 이 알들이 한 덩어리를 이루고 있어요. 개구리알들은 엄마의 배에서 밖으로 나오고 나서야 부풀어 오르기 시작해요. 안 그러면 그 많은 알들이 엄마 배 속에 다 들어 있을 수가 없었겠죠. 시간이 지나면 이 알에서 올챙이가 나와요. 올챙이는 작은 꼬리가 달린 공처럼 생겼어요. 올챙이가 가장 좋아하는 먹이는 녹조류예요. 웅덩이 가장자리나 물속에서 초록빛 덮개처럼 자라는 조그만 식물이지요. 여름이 되면 옆구리에 다리가 생겨서 튀어 나와요. 꼬리는 점점 짧아지고요. 그럼 오래 지나지 않아 숲속에 수많은 작은 개구리와 두꺼비가 돌아다니게 되지요.

**백조는 왜 목이 길까요?**
- 적들을 잘 보려고
- 물 밑에서 먹이를 구하기 위해서

정답: 백조는 목이 길어서 상대적으로 물속이 깊더라도 바닥에 있는 수풀을 뜯을 수 있어요.

여러분이 사는 곳에 시내도 없고 웅덩이도 없다고요? 괜찮아요. 동물을 관찰하기에 특히 좋은 곳이 빗물받이 통이거든요. 동네 건물 모퉁이나 아파트 근처에 일부러 빗물을 받아 놓았거나 물이 고인 통이 하나쯤은 있을 거예요. 어떤 곤충한테는 이런 통이 작은 웅덩이나 마찬가지예요. 모기는 거기에 알을 낳아요. 모기의 애벌레인 장구벌레는 네 번 정도 껍질을 벗으며 어엿한 어른벌레로 자랄 때까지 빗물받이 통 속에서 자라는 녹조류를 먹어요. 번데기 상태의 장구벌레는 작은 쉼표처럼 물속에 거꾸로 매달려서 꽁무니에 달린 작은 호흡관만 바깥으로 내놓고 지내요. 누군가 그것을 건드리면 얼른 물속으로 들어가 이리저리 움찔거린답니다.

이제 물새 이야기를 할게요. 호수나 강가에 가면 자주 볼 수 있는 새들이지요. 오리나 기러기처럼 발에 갈퀴가 있어서 물 위에서 헤엄치는 물새도 있고, 물가를 걸어 다니며 물고기를 잡아먹는 왜가리, 백로 같은 물새도 있어요. 하지만 가마우지, 뿔논병아리 같은 물새는 물속에 잠겨서 멀리 가기도 해요. 그런 특성 때문에 독일어로는 뿔논병아리나 논병아리를 각각 볏 잠수부(Haubentaucher), 난쟁이 잠수부(Zwergtaucher)라고 불러요. 이런 새들은 물속에서 물고기를 잡아먹어요. 그러기 위해서 오랫동안 숨을 참는 거예요. 잠수했다가 어디서 다시 떠오르는지 살펴보는 것도 무척이나 재미나요. 맞히기가 쉽지는 않지만요. 물속에서 어느 방향으로 헤엄쳤는지 보이질 않으니까요.

# 숲속에서 흔적 찾기

숲속에서도 정원에서 하던 것처럼 하면 돼요.
작은 동물에서 시작하세요! 흙 한 줌만 있으면 충분해요.
숨어 있는 동물을 모두 찾으려면 돋보기를 이용하는 게 최고예요.

**흙**을 잘 들여다보면 조그만 딱정벌레, 거미, 쥐며느리 등이 있을 거예요. 다리가 많이 달린 기다란 갈색 동물은 지네예요. 썩어 가는 낙엽 아래 붙어 있다고 해서 나뭇잎을 먹는다고 생각하면 오해예요. 지네는 곤충 같은 동물을 잡아먹거든요. 때로는 손에 쥔 한 줌의 흙 속에서 작은 갈색 공이 움직이는 게 보일 수도 있어요. 그건 바로 응애라는 동물의 한 종류예요. 거미랑 친척이지만 아쉽게도 그 밖에는 별로 알려진 게 없어요. 혹시 더 자세하게 연구해 볼 생각이 있나요? 친구랑 같이 하면 더 재미있을걸요!

**더** 큰 동물을 관찰하는 건 조금 더 어려워요. 숲에는 나무와 덤불이 빽빽하게 들어차 있으니까요. 아무래도 너른 들판보다 숲에서 더 잘 숨을 수 있으니 동물들을 만나기가 어렵지요. 들판에서는 잠깐만 기다리면 새가 날아가는 것을

### 따라 해 보세요!

여러분은 동물의 발자국을 집에 들고 갈 수도 있어요. 그러기 위해서는 깁스할 때 쓰는 소석고 가루(빨리 딱딱해지는 종류가 가장 좋아요.) 한 봉지, 요구르트 통 하나 그리고 물이 좀 필요해요. 동물 발자국을 발견하면 요구르트 통에 물과 소석고 가루를 넣고 덩어리지지 않도록 잘 저어 줘요. 그걸 동물의 발자국 속에 부은 다음 딱딱해질 때까지 기다려요. 얼마나 오래 걸려야 딱딱해지는지는 소석고 가루 포장에 적혀 있어요. 마지막으로 석고판을 조심스럽게 들어 올리기만 하면 끝이랍니다. 짜잔! 석고 발자국이 완성됐어요! 조심해요. 석고 발자국은 아직 부서지기 쉬우니까요. 집에 도착하면 거기 남아 있는 흙을 낡은 칫솔로 털어 내고 어떤 동물이 지나갔는지 인터넷에서 찾아보세요.

어떤 동물이 여길 지나갔을까요?

몇 번이나 볼 수 있지만 숲에서는 꽤 오랫동안 새를 한 마리도 볼 수 없는 게 바로 그래서예요. 사실 숲속의 나무에는 넓은 들판만큼 많은 새가 앉아 있는데요! 비록 새가 눈에 보이진 않지만 새가 노래하는 소리만 들어도 알 수 있지요. 새소리를 유심히 듣다 보면 새가 어디쯤 앉아 있는지 느낌이 올 거예요. 그쪽으로 찾아가 새를 만나 보세요.

노루나 여우, 토끼 같은 커다란 동물을 찾아내기는 더 어려워요. 그렇다면 어떻게 만날 수 있을까요? 해답은 간단해요. 아아아아아주 기이이이인 시간 동안 기다리는 거예요. 움직이거나 말하지 말고 그냥 오래된 나무둥치 같은 곳에 앉아 기다리세요. 몇 분 지나지 않아 나뭇잎 사이에서 바스락거리는 소리가 들릴 거예요. 그건 대개 쥐예요. 두툼한 나무뿌리 사이나 죽은 줄기 아래에 살지요. 쥐는 여우나 올빼미를 무서워하기 때문에 어딘가에 숨어 있다가 재빨리 다른 곳으로 달려가 다시 숨어요. 노루나 사슴은 약간 다른 방식으로 우리의 주의를 끌어요. 노루나 사슴이 지날 때 발밑에서 나뭇가지가 딱딱 부러지거든요. 사람을 무서워해서 조금 어둑한 때에야 비로소 나무 아래 나타난답니다. 그래서 노루나 사슴을 볼 기회는 이른 아침이나 저녁에 가장 많아요.

이렇게 해도 그리 많은 동물을 볼 수 없다면 동물을 발견하는 다른 방법이 있어요. 동물의 흔적을 직접 찾아보는 거예요. 커다란 동물의 발자국은 숲속 오솔길에서 쉽게 찾을 수 있어요. 노루나 사슴이나 멧돼지는 오솔길을 특히 즐겨 달리거든요. 앞을 가로막는 덤불이나 가지가 없으니까요. 비가 온 다음 오솔길에는 질퍽질퍽한 곳이 생기고 그곳을 달린 동물의 흔적이 남아요. 발자국 가장자리가 아직 선명하다면 그 동물이 지나간 지 며칠 안 된 거예요. 오래된 발자국은 조금 흐려져서 분명하게 알아볼 수 없어요. 어떤 동물이 지나간 발자국이 진흙 웅덩이까지 이어져 있으면 언제 그 흔적을 남겼는지 더 정확하게 알 수 있어요. 웅덩이의 물이 흐리다면 그 동물은 바로 몇 시간 전에 그곳을 지나간 거예요. 심지어 몇 분 전에 지나간 것일 수도 있지요. 반대로 웅덩이의 물이 맑다면 그 동물은 오래전에 그곳을 지나간 거예요. 물속의 진흙이 확 일어났다가 다시 가라앉으려면 꽤 오래 걸리니까요.

## 동물·정보

앞가슴등판의 오목하게 들어간 부분

### 금풍뎅잇과 곤충

금풍뎅잇과 곤충은 그리 오래 찾아다닐 필요가 없어요. 숲속 오솔길 한가운데를 느릿느릿 기어가는 게 자주 보이니까요. 한 마리를 들어서 손 위에 올려 보세요. 걱정 마세요. 물지 않아요. 앞가슴등판을 잘 살펴보세요. 양옆에 자그맣게 옴폭 들어간 부분이 있나요? 그럼 그건 보라금풍뎅이예요. 만약 그렇게 옴폭 파인 부분이 없다면 쇠똥구리랍니다. 금풍뎅잇과 곤충을 손 위에 올려놓으면 아마 가만히 있지는 않을 거예요. 심지어 항의하는 소리까지 낸다니까요. 금풍뎅잇과 곤충을 든 손을 귓가에 갖다 대 보세요. 찌르륵거리는 소리가 날 거예요. 적을 혼란스럽게 만들려고 내는 소리이지요. 이들의 적은 바로 새예요. 새들은 금풍뎅잇과 곤충을 부리로 집었다가 찌르륵거리는 소리를 이상히 여기고 종종 뱉어 낸답니다.

# 동물이 사는 곳

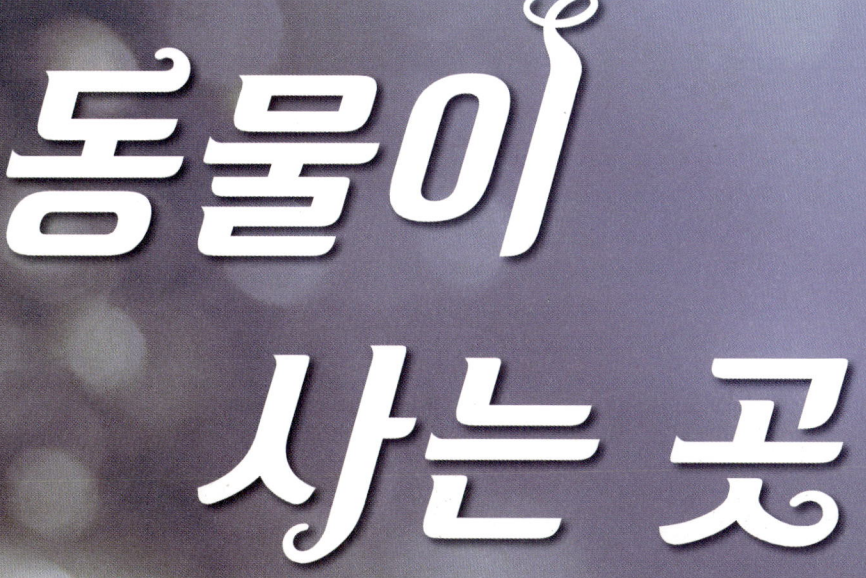

모든 동물은 안전하다고 느낄 수 있는 집이 필요해요. 그 집은 고층 아파트일 수도 있고 셋집일 수도 있어요. 다른 이들과 함께 지내는 셰어 하우스일 수도 있고 나뭇잎 사이 침대일 수도 있어요. 때로는 그냥 온 세상일 수도 있지요.

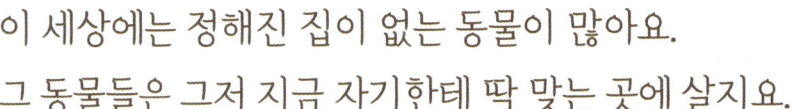

## 언제나 떠돌아다녀요

이 세상에는 정해진 집이 없는 동물이 많아요.
그 동물들은 그저 지금 자기한테 딱 맞는 곳에 살지요.

수많은 동물이 다른 동물로부터 자신의 집을 지키기 위해 애써요. 그런데 만약 집이 없다면, 그걸 지키기 위해 싸울 필요도 없겠죠. 게다가 지금 풀이 가장 맛있는 곳으로 쉽게 옮겨 갈 수도 있고요. 사슴을 볼까요? 사슴은 일 년 내내 같은 곳에 머무르지 않아요. 변화를 좋아하거든요. 여름이면 산속이 더 시원하고 싱싱한 풀도 많이 자라니까 산으로 올라가요. 겨울이면 산속보다 덜 춥고 눈이 적게 쌓이는 골짜기로 내려오지요.

사슴한테는 어디 사는지가 그리 중요하지 않아요. 가족과 친구들이랑 함께 있는 게 훨씬 더 중요하지요. 그들과 함께 있을 수 있다면 어디든 좋답니다. 그렇다고 아무 데나 가지는 않아요. 사슴들은 숲속 곳곳을 잘 알고 있거든요. 특히 좋은 먹이가 있는 곳을 기억해 두지요. 그곳으로 가는 길을 조상 대대로 수십 년 동안 이용해 왔어요. 사슴은 맛있는 먹이를 찾아서 아주 멀리 돌아다닌답니다. 때로는 며칠 만에 100킬로미터가 넘게 움직이기도 해요!

나비는 길이 아예 없어도 괜찮아요. 좋아하는 꽃이 피는 풀밭으로 훨훨 날아가면 되니까요. 그곳에는 나비가 가장 좋아하는 음료인 달콤한 꿀이 있어요. 꽃은 며칠만 지나면 시들어 버리니까 뭔가 마실 것을 다시 찾으려면 서둘러 새로운 풀밭을 찾아야 해요.

들짐승이 지났던 길을 그대로 밟으며 숲속을 돌아다니면 기분이 어떨까요?

쐐기풀나비

총채벌레는 나비보다 훨씬 작아요. 자그마한 막대기처럼 생겼는데 여름에 천둥번개가 치기 바로 전에 팔이나 다리에 달라붙을 정도로 갑자기 많아지지요. 여름에 구름 물방울이 점점 커지며 뭉글뭉글 구름이 두꺼워지기 전에 날이 아주 더워지기 때문이에요. 총채벌레는 그렇게 온도가 높을 때 활발하게 움직이거든요. 먹구름이 생기기 전에 부는 바람은 총채벌레를 바닥으로 몰아대요. 때로 여러분을 향해 몰아대지요. 희거나 노란, 옅은 색 옷 위에서 특히 잘 보인답니다.

총채벌레는 허공에서 허우적거릴 뿐 잘 날지 못해요. 총채벌레가 버둥거리면 바람이 불어서 몸이 가벼운 총채벌레를 다른 곳으로 옮겨 주지요. 총채벌레는 그렇게 날려 간 곳에서 수액을 빨아들이기에 적당한 줄기나 잎이 달린 식물을 찾으려고 해요.

그러면 일정한 집이 없는 동물들은 어디서 자는 걸까요? 사슴은 나뭇잎 더미 속에 작은 구덩이를 파고 그 안에서 자요. 잘 시간에 마침 풀밭에 있다면 그냥 풀 속에서 자고요. 덩치가 작은 나비나 총채벌레는 새의 눈에 띄어 잡아먹히지 않으려고 잎의 아랫면에 달라붙어 쉬어요.

날마다 다른 곳에서 먹이를 찾으려면 많이 돌아다녀야 하겠지요. 가장 먼 길을 가는 동물은 사슴이 아닌, 남쪽으로 떠나는 철새와 고래랍니다. 고래는 지구의 모든 육지를 합친 것보다 더 넓은 바다에 살아요. 귀신고래는 해마다 멕시코와 북극해 사이를 헤엄쳐서 왔다 갔다 하는데, 거의 2만 킬로미터나 되는 거리예요. 비록 일정한 집은 없지만 고래는 바닷속 사정을 누구보다 잘 알지요. 물속에도 산이랑 골짜기가 있고 드넓은 평지가 있는데 고래는 그걸 다 알아볼뿐더러 먹을 게 어디에 특히 많은지, 어느 곳의 물이 따뜻한지도 다 알고 있어요. 그냥 고래는 집이 엄청나게 크다고 말해도 될 정도예요.

### Schau mal! 잠깐만!

### 왕궁

식용 달팽이로 유명한 헬릭스포마티아는 집을 등에 지고 다녀요. 몸을 숨기거나 잠을 자고 싶으면 그 안으로 쏙 들어가지요. 달팽이 집의 나선 모양은 대개 오른쪽으로 감겨 있고 오른쪽 옆구리에 달려 있어요. 그 감긴 자리를 안에서 밖으로 따라가면 손가락이 오른쪽으로 빙 돈답니다. 매우 드물긴 하지만 집이 왼쪽으로 감겨 있는 달팽이도 물론 있어요. 이런 달팽이는 무척 특이하기 때문에 독일어로는 '왕달팽이'라고도 불러요. 그렇다면 그 달팽이의 집은 사실 '왕궁'이라고 불러도 되겠지요. 눈을 크게 떠 봐요. 혹시 왕궁을 지고 다니는 달팽이를 발견할지도 몰라요!

## 남쪽으로 출발!

어떤 동물들은 일 년에 고작 몇 주나 몇 달 동안만 집에서 지내요. 특히 새들이 그렇답니다. 새들은 주로 봄에 지내기 알맞은 곳을 찾아서 둥지를 지어요.

**새**들은 한번 둥지를 지으면 밖을 돌아다니다가도 반드시 둥지로 돌아와요. 새끼들만 둥지에 버려둘 수는 없잖아요! 알을 품는 시기가 지나고 새끼가 훨훨 날아 둥지를 떠나면 새들은 자기 영역을 포기하고 둥지를 떠나요. 영역 싸움을 할 일이 없으니 다른 새의 심기를 건드리지 않고 어디로든 날아다닐 수 있답니다. 하지만 대륙검은지빠귀는 도시와 정원이 무척 마음에 드는지 일 년 내내 거기 머물면서 자기 영역을 가꿔요. 게다가 그 영역을 지키기까지 해요. 다른 대륙검은지빠귀가 날아오면 그 영역에 원래 있던 새가 달려들어 공격하지요. 기껏해야 깃털 몇 개만 날릴 뿐이지만요.

"이 정원은 내 영역이야!"
정원은 누구 것일까요?
대륙검은지빠귀 수컷
두 마리가 싸워요.

**다**른 새들은 가을에 먹을 게 가장 많은 곳으로 날아가요. 여기저기 날아다니다가 덤불이나 숲에서 도토리나 밤 같은 나무 열매를 발견하면 나뭇가지에 쪼르르 앉지요. 그즈음 자작나무 아래에는 자잘한 비늘 같은 게 소복하게 쌓여 있어요. 자작나무 씨앗에 달렸던 투명한 껍질 더미예요. 아마 그 위를 올려다보면 검은머리방울새 떼가 나뭇가지 위에서 자작나무 씨앗 먹는 모습을 볼 수 있을 거예요. 검은머리방울새는 자작나무 씨앗을 다 먹어 치우면 다른 숲으로 훨훨 날아가요. 배가 고플 땐 일정한 집이 없는 게 차라리 편해요!

**가**을이 오면 더 멀리, 남쪽 나라로 날아가는 새들도 있어요. 가을이면 날씨가 추워지면서 활엽수(*참나무, 단풍나무처럼 잎이 넓고 씨방이 있는 속씨식물) 잎이 떨어지고 들판의 풀이 갈색으로 시들어요. 곤충은 대부분 어딘가로 기어 들어가 겨울잠을 자지요. 곤충은 새들에게 아주 중요한 먹이인데, 이제 곤충을 찾으려면 훨씬 오랫동안 돌아다녀야 한답니다. 매섭게 몰아치는 가을바람도 장난이 아니지요. 그래서 새들은 북쪽에서 세찬 바람이 불어올 때까지 기다려요. 북풍을 타고 좀 더 수월하게 멀리 남쪽으로 날아갈 수 있거든요. 바람에 맞서는 것보다는 바람을 타고 날아가는 게 훨씬 편하지요. 자전거 탈 때를 생각해 봐요. 얼굴에 세찬 바람이 몰아칠 때는 자전거를 타는 게 엄청 힘들잖아요.

**새**들은 남쪽에 도착하면 햇볕에 몸을 데우고 먹이를 찾아요. 어떤 먹이를 좋아하는지에 따라서 날아가는 나라가 저마다 달라요. 독일에서 지내던 두루미는 겨울에는 스페인 북부로 날아가요. 거기에 떡갈나무 숲이 있거든요. 두루미가 좋아하는 떡갈나무 열매가 바닥에 많이 깔려 있지요. 시베리아나 중국 북동부에서 여름을 보낸 두루미는 겨울을 보내러 한국으로 오곤 한답니다.

**독**일에서 가을에 두루미 같은 철새들이 큰 무리를 지어 남쪽으로 날아가는 모습을 보았다면 그다음 며칠은 아주 추울 거예요. 바람이 북쪽에서 분다는 뜻이니까요. 북쪽은 벌써 한겨울이거든요. 봄에는 정반대예요. 커다란 철새 무리가 남풍을 타고 날아온다면 며칠 따뜻한 날이 이어지리라는 걸 알 수 있어요. 스페인 같은 유럽의 남쪽은 독일보다 훨씬 따뜻한데 그 따뜻한 공기가 바람을 타고 오거든요. 마찬가지로 제비가 남쪽에서 한국으로 날아온다면 한국에 따뜻한 봄이 온다는 뜻이지요.

## 동물·정보

### 황새

예전에는 독일에서 지내던 황새가 아프리카까지 날아갔어요. 그곳 들판에서 개구리나 작은 동물들을 잡아먹었지요. 하지만 이제는 그냥 스페인에 머물기도 해요. 쓰레기장에 먹이가 많다는 것을 알아챘거든요. 말만 들어도 더럽지 않아요? 해마다 독일로 돌아온 황새는 예전에 나무나 집의 지붕, 돛대나 옛날 굴뚝 속에 지어 놓았던 자신의 둥지에 다시 자리를 잡는답니다. 한때 황새 수가 줄어들었지만 사람들의 노력으로 요즘 독일의 시골 마을에서 황새를 볼 수 있게 되었어요. 안타깝게도 황새는 멸종 위기에 처한 동물이어서 한국 등 여러 나라에서 황새 수를 늘리기 위해 애쓰고 있어요.

두루미는 남쪽으로 날아가기 전에 어떤 길을 고르는 게 가장 좋을지 서로 의논한다고 해요.

# 이사는 절대 안 가요

동물한테 집 주소가 필요할까요? 동물 집 현관에 집 주인의 이름이나 번지를 적은 명패가 없는 건 확실해요. 하지만 집 주소는 없어도 평생토록 일정한 영역에 사는 동물들이 있어요.

새끼 늑대는 동굴 집 덕분에 험한 날씨에도 안전하게 지내요. 이 동굴에 숨어 있으면 새끼 늑대를 노리는 스라소니조차 새끼 늑대를 찾을 수 없어요.

**늑**대 가족한테는 이 영역이 무척이나 넓어요. 250제곱킬로미터나 되지요. 독일의 프랑크푸르트랑 비슷한 넓이예요.(*참고로 대한민국 서울의 면적이 약 600제곱킬로미터이다.) 아주 넓지요? 낯선 늑대가 와도 여기는 임자가 있다는 걸 알 수 있게끔 늑대는 자기 영역의 경계선에 오줌을 싸고 땅을 긁어서 표시를 해 놓아요. 이 서식 영역 안에 지붕이 있는 집도 따로 갖추어요. 땅에 동굴을 깊게 파고 거기서 새끼를 낳는답니다.

**쥐**도 늑대랑 비슷해서 가족이랑 함께 사는 걸 가장 좋아해요. 쥐한테도 늑대처럼 자기 영역이 있어요. 쥐의 영역은 늑대의 영역보다 훨씬 작아요. 어차피 쥐는 늑대처럼 멀리 돌아다니지도 못하니까요. 그 면적이 100제곱미터(*약 30평) 정도면 충분하지요. 여러분 중에도 그 정도 크기의 집에서 사는 사람이 있을 거예요. 쥐의 영역은 열다섯 걸음이면 가로지를 수 있어요. 늑대의 영역을 가로지르려면 아마 몇 시간 이상 걸릴 텐데요. 쥐도 늑대처럼 굴을 파는데, 새끼 쥐뿐만 아니라 어른 쥐도 평생토록 거기 살아요. 쥐는 자기 굴속을 아늑하게 꾸며 놓지요. 침실에 부드러운 잔디와 이끼를 깔아서 편안하고 뽀송뽀송하게 누울 수 있도록 만든답니다.

**어**떤 동물들은 약간 구역질이 나오는 집에서 평생을 살아요. 촌충은 여우나 노루 같은 커다란 동물의 내장 속에 살면서 그들이 먹은 것을 가로채지요. 다른 동물의 내장 안은 언제나 어두침침하고 축축하고 뜨뜻한 데다 신경 쓰거나 조심할 것도 별로 없어요. 노루가 먹이를 먹으면 그 먹이가 위와 장을 거쳐서 촌충한테까지 닿는답니다. 촌충이야 좋겠지만 노루는 자주 배가 고프지요. 배 속에 들어 있는 벌레가 꽤 많이 빼앗아 먹으니까요.

**꿀**벌은 집이 꼭 필요한 동물이에요. 꿀벌은 산이나 들에서 사는 것도 있고 사람이 기르는 종류도 있어요. 사람이 기르는 꿀벌은 양봉업자가 세워 놓은 나무 상자 속에 벌집을 만들고 거기서 새끼를 키워요. 상자 한편 바닥에 가느다란 틈이 있는데 꿀벌은 그 틈을 통해 자기 집에 드나들어요. 그런데 꿀벌은 이 벌통을 아주 조금만 옆으로 밀어도 입구를 찾지 못해요. 벌통이 옮겨질 수 있다는 사실을 모르거든요. 멀리 나갔다가도 언제나 다시금 원래 벌집이 있던 자리로 돌아가지요. 야생에서는 텅 빈 나무 안에 벌집을 지으니까 집을 못 찾는 일은 일어나지 않아요. 누가 그걸 옆으로 밀어 놓겠어요?

독일이나 한국에는 수많은 종류의 벌이 있어요. 대부분의 벌들은 어떻게 살까요?

- 혼자서
- 200마리가 무리를 지어서
- 50000마리가 무리를 지어서

정답: 벌들은 대부분 홀로 살아요. 숨기 좋은 곳이 있으면 혼자 거기에 자리 잡고 알을 낳고 새끼를 키우지요. 꿀벌은 큰 무리를 이루고 사는 드문 예외에요.

**꿀**벌은 늑대와 달리 벌집 주위에 자기 영역을 따로 정해 놓지 않아요. 벌집 밖의 풀밭과 숲을 다른 벌집의 벌이랑 사이좋게 나누어 쓰지요.

**그**렇다고 꿀벌이 평생토록 같은 집에서 사는 건 아니에요. 벌들도 때로 이사를 해요. 다는 아니고 일부가요. 어떤 벌집에서 새로운 여왕이 고치를 벗고 나오면, 원래 그곳에 있던 나이 든 여왕은 벌 떼 가운데 일부를 데리고 그곳을 떠난답니다. 어떻게 여왕 둘이 한 집에서 잘 지낼 수 있겠어요? 나이 든 여왕이 데리고 나간 벌 떼는 다른 곳에 새 집을 지어요. 속이 텅 빈 나무가 집을 짓기에 가장 좋지요.

### 함께 해 봐요!

어떤 벌의 애벌레는 가느다란 대롱 같은 곳에서 자라요. 여러분은 이런 벌을 도와줄 수 있어요. 곤충 유치원을 만드는 거예요! 부모님과 함께 만들어 보세요. 먼저 다양한 크기의 나무토막을 구해 구멍을 뚫어요. 전동 드릴이 있으면 더 쉬워요. 구멍의 지름은 3~6밀리미터 정도로, 할 수 있는 한 깊게 뚫으세요. 아니면 바싹 마른 대나무처럼 속이 비어 있는 식물의 줄기를 이용해도 좋아요. 이것들을 비에 젖지 않게 작은 지붕이 달린 상자 속에 넣은 다음 그 상자를 정원에 걸어 놓으세요. 한 가지 알아 둬야 할 점은, 벌의 애벌레가 일 년 내내 그 속에 살 수도 있으니까 아주 오랫동안 그 상자를 걸어 놓아야 한다는 거예요.

# 셰어 하우스

어떤 집에선 종류가 다른 동물 여럿이 사이좋게 함께 살아요.
여우와 오소리도 이런 셰어 하우스를 자주 만들지요.

**셰**어 하우스를 만들 때 일을 가장 많이 하는 동물은 오소리예요. 오소리 발에는 날카로운 발톱이 달려 있어요. 오소리는 이 발톱으로 땅을 파헤쳐 제법 멋지고 깊은 굴을 만들어요. 때로 굴 깊이가 5미터를 넘는답니다. 이 아늑한 굴속에서 오소리는 다른 누구의 방해도 받지 않고 편안하게 쉬고 잠자요.

**사**실 땅을 그리 많이 팔 필요도 없어요. 오소리는 대개 엄마, 아빠나 할머니, 할아버지가 미리 파 놓은 굴속에 들어가 살거든요. 그래도 방이 더 생기면 좋으니까 굴을 두어 군데 더 파는 거지요. 입구도 더 만들고요. 그러다 보면 오소리 굴이 점점 더 커지고, 마침내 여우가 들어와 살아도 충분할 정도가 된답니다. 여우도 땅속의 안전한 굴에서 자고 싶어 하지요. 오소리 굴은 다른 동물들한테 셋집 같은 역할을 해요. 사실 조상이 남긴 굴을 더 팔 때도 오소리 한 마리가 혼자서 일을 다 할 필요는 없어요. 오소리는 대가족을 이루고 살거든요. 엄마, 아빠와 아들딸은 물론이고 삼촌, 이모까지 서로 도와요. 땅속에 큰 집이 있으면 모두가 편안하니까요.

오소리는 서로 몸을 대고 비비는 걸 좋아해요. 특히 아늑한 굴속에서요.

**오**소리 굴속에 지금 누가 사는지 아닌지는 입구 앞 흙을 보면 알 수 있어요. 누군가 살면 굴 입구에 아무것도 자라지 않아요. 동물들이 들락거리며 남기는 고랑 자국도 보이고요. 오소리 가족은 굴 입구 주위에 화장실을 만들어요. 자그마한 구멍을 여러 개 파고는 거기다 볼일을 보지요. 이 화장실은 알림판 같은 역할을 해요. 다른 오소리가 그 앞을 지나다가 오소리 가족의 화장실 냄새를 맡으면 그곳에 같은 종의 동물이 산다는 사실을 알아챈답니다.

### Quiz 퀴즈

지금까지 가장 오래됐다고 알려진 오소리 굴은 얼마나 오래됐을까요?

- 100년
- 1000년
- 10000년

정답: 오소리가 파기 시작한 지 무려 10000년쯤 된 굴도 있다고 알려져 있습니다.

몇 딱정벌레도 굴처럼 속이 빈 공간에 살아요. 하지만 땅굴은 아니에요. 나무 굴이지요. 딱따구리가 나무줄기 위편에 구멍을 판 뒤 시간이 지나면 거기에 딱정벌레 집이 생긴답니다. 딱정벌레가 속이 빈 나무에 둥지를 틀었다가 거길 떠나면 그 구멍 주위는 천천히 썩어 들어가요. 나무 속 구멍이 점점 더 커지다가 결국 나무 속 전체가 텅텅 비어 버리고 말지요. 은둔자 딱정벌레(Osmoderma eremita)가 그런 나무를 좋아한답니다. 이 딱정벌레는 커다란 쇠똥구리처럼 생겼는데 약간 살구 냄새가 나요. 여러 해가 지나면서 나무줄기에 생긴 구멍의 바닥에는 부스러지기 쉬운 나무 찌꺼기와 다른 동물이 남긴 배설물이 모이게 마련이에요. 은둔자 딱정벌레는 그 혼합물 속에서 아주 잘 지내고 그 애벌레도 여기 살아요. 딱정벌레는 이리저리 돌아다니는 걸 그리 좋아하지 않아서 자기 집을 가지고 있어요. 어떤 딱정벌레는 자기가 사는 나무 속 굴을 일생 동안 단 한 번도 떠나지 않는답니다. 심지어 자식들이나 손자와 손녀, 증손자와 증손녀까지 내내 한 나무 속에 머무르기도 해요. 이 딱정벌레들이 보는 것이라고는 오로지 오래된 너도밤나무나 떡갈나무의 속뿐이지요. 딱정벌레는 사교적이라 나무 한 그루에 100마리가 넘는 딱정벌레가 함께 살기도 해요.

그것만으로는 충분하지 않은지, 이런 빈 나무줄기 속에 다른 동물들이 함께 사는 경우도 종종 있어요. 나무 속에는 더 작은 딱정벌레의 애벌레가 살고, 커다란 구멍 저 위에서는 야행성인 박쥐가 바깥이 어두워져서 밖으로 날아갈 수 있기를 기다리지요. 커다란 고목은 땅속의 오소리 굴이 그렇듯 작은 셋집이 다닥다닥 붙어 있는 건물이랑 비슷해요.

## 얼음처럼 차가운 숨

겨울에 날씨가 아주 추워지면 오소리는 굴속에서 깊은 잠을 자요. 그럼 굴 바깥 입구에는 오소리가 드나든 자국이 새로 생기지 않지요. 그래도 오소리가 굴속에 살고 있는지를 알아낼 수 있어요. 입구의 지붕 쪽을 살펴보면 자잘한 얼음 결정이 하얗게 눈처럼 붙어서 반짝인답니다. 겨울잠을 자는 오소리의 숨결이 얼어붙은 거지요.

굴 입구 지붕에 하얗게 서린 서리를 보니 누군가 이 안에서 아주 깊게 자고 있는 게 분명해요!

# 이민 간 동물들 -
# 작은 사슴, 커다란 새, 점 많은 무당벌레

세계 곳곳에는 다양한 동물이 살아요. 아프리카에는 코끼리가, 북극에는 북극곰이, 남아메리카에는 레아가 있죠. 우리는 동물원에서 세계 각지의 동물을 한꺼번에 볼 수 있어요. 몇몇 동물은 원래의 고향을 떠나 다른 나라로 이민 가서 그곳에 잘 적응하기도 해요.

## 다마사슴

다마사슴은 아시아가 고향인 자그마한 사슴이에요. 몸은 노루랑 붉은사슴의 중간쯤 크기예요. 옛날 유럽의 왕이나 영주들이 다마사슴을 아주 예쁘다고 생각해서, 이미 수백 년 전에 유럽으로 데려와서 살게 했어요. 그래서 지금도 유럽에서는 야생에 사는 다마사슴을 관찰할 수 있어요. 다마사슴 뿔은 수컷한테만 나요. 뾰족뾰족한 삽처럼 생긴 뿔을 보면 나이까지 짐작할 수 있지요. 여름에는 새끼 노루랑 비슷하게 등에 하얀 점이 생겨요. 하지만 노루와 달리 무리를 이루어 살아요. 다마사슴은 그리 크지 않아 공간을 많이 차지하지 않기 때문에 체험형 야외 동물원에서 많이 길러요. 한국에서도 몇몇 동물원에 가면 다마사슴을 만날 수 있어요. 동물원에서 교배시켜서 사육되는 다마사슴은 야생 상태의 다마사슴보다 털색이 다양하답니다. 검은색에서 갈색, 하얀색에 이르기까지 여러 가지예요. 번식기에는 암컷이 내는 독특한 울음소리를 들을 수도 있어요. 마치 관악기랑 고양이 울음소리를 섞어 놓은 것처럼 들려요.

## 레아

아메리카타조라고도 부르는 레아는 날지 못하는 커다란 새예요. 타조와 비슷하지요. 크기는 좀 더 작고요. 이름처럼 주로 아메리카 대륙에 살아요. 그런데 최근에 독일의 야생에서도 레아가 발견돼요. 아메리카 대륙과 유럽 대륙 사이에는 드넓은 대서양이 있지만, 레아는 독일까지 올 수 있었어요. 스스로 날아온 건 아니겠지요. 몇몇 사람들이 레아를 교배시켜 보려고 남아메리카에서 여러 마리를 사서 비행기에 태워 독일에 데리고 온 거예요. 그리고 사육장에 가둬 놓았는데, 1999년에 그 가운데 몇 마리가 사육장에서 도망쳤어요. 처음에 전문가들은 독일이 레아의 고향인 남아메리카보다 훨씬 습하고 춥기 때문에 인간의 도움이 없이는 살아남지 못할 거라고 생각했어요. 하지만 웬걸, 이 커다란 새들은 독일의 들판이 아주 편안했는지 거기서 알을 낳고 품기 시작했지요. 레아의 경우, 자식을 챙기는 건 오로지 아빠랍니다. 수컷 한 마리가 5~8마리의 암컷을 거느리는데, 그 암컷들이 한 둥지에 알을 낳아요. 그렇게 낳은 알이 40개까지 모이기도 하는데 그 둥지에서 수컷이 알을 품어요. 새끼가 알을 까고 나오면 아빠가 들판을 데리고 다니며 어떤 식물을 먹을 수 있는지 보여 주지요.

어느새 독일에 레아가 500마리쯤 살아요. 보호종으로 지정되어 있어요.

## 아시아에서 온 무당벌레

살던 곳을 떠나 이민 간 곳에서 토착 동물보다 잘 번성하는 경우도 있어요. 아시아에서 들여온 무당벌레가 바로 그래요. 원래는 온실에서 식물을 해치는 진딧물을 잡아먹으라고 독일로 데려왔지요. 그런데 기대대로 진딧물을 엄청나게 잡아먹더니 몇 마리가 잽싸게 밖으로 달아났어요. 그리고 야생에서 어찌나 잘 번식했는지 어느새 독일 어디에나 아시아 무당벌레가 흔해졌답니다. 사실 아시아 무당벌레는 독일 고유의 무당벌레랑 거의 똑같이 생겼어요. 하지만 완전히 똑같지는 않아요. 둘 다 날개 전체가 빨간색이고 거기에 검은 점이 찍혀 있고 앞가슴등판에 흰색 점이 있는 건 같아요. 하지만 날개에 박힌 검은 점을 자세히 보면 달라요. 아시아 무당벌레는 대부분 점이 19개지만 더 적거나 아예 없는 개체도 있어요. 이에 비해 독일 고유종은 그 이름부터 날개에 몇 개의 점이 있는지 알려 주지요. 점이 7개인 칠성무당벌레(Siebenpunkt)도 있고 22개인 이십이점무당벌레(Zweiundzwanzigpunkt)도 있어요. 22개면…… 아휴, 한참 세어야겠네요!

아시아 무당벌레의 앞가슴등판에는 검은색과 흰색이 어우러져 있어요. 마치 알파벳 W 자처럼 보이지요.

# 동물이 먹는 것

동물도 저마다 좋아하는 음식이 따로 있어요. 풀이나 열매, 곤충에서부터 심지어 다른 동물이 배설한 것까지, 다들 맛있게 즐겨요. 정말 식성이 다양하지요. 특히 신경 쓰는 건 새끼들을 먹일 때예요. 스스로 먹이를 구하지 못하는 새끼들을 맨 먼저 챙겨 먹여야 하니까요.

# 가장 좋은 것은 아기한테

아기는 엄마의 젖꼭지에서 나오는 모유나
젖병에 담긴 분유를 먹어요. 모유나 분유 속에는
아기한테 필요한 게 다 들어 있어요.

봄에는 동물들한테 푸짐한 상이 차려진답니다. 그럼 너도밤나무 벼룩바구미는 싱싱한 잎을 갉아 먹지요.

**포**유류는 대부분 이렇게 새끼 동물에게 젖을 먹여요. 숲에 사는 늑대, 여우, 노루, 사슴 같은 동물들이 다 포유류에 속해요. 아주 작은 뾰족뒤쥐도 새끼에게 젖을 먹여요. 가장 큰 포유류인 고래의 새끼도 물속에서 엄마 젖을 빨지요.

**포**유류가 아닌 동물은 새끼를 먹이는 방법이 달라요. 새는 날아다니면서 찾은 먹이를 새끼에게 먹여요. 독수리나 매 같은 맹금류는 죽은 쥐를 가져오는 경우가 많아요. 쥐가 너무 커서 새끼의 작은 부리에 들어가지 않으니까 부모가 잘게 뜯어서 먹이지요. 박새 같은 작은 새는 곤충의 애벌레를 모아 오는데 그 정도는 새끼도 통째로 삼킬 수 있어요. 그러니까 새끼 새는 처음부터 부모와 똑같은 걸 먹어요. 바로 그런 점에서 새는 새끼에게 젖을 먹이는 포유류랑 달라요.

**새**끼가 부모랑 아주 다른 음식을 먹어야 하는 경우도 많아요. 예를 들어 개구리는 지렁이나 민달팽이, 파리나 모기처럼 날아다니는 곤충이나 물에 빠진 곤충을 잡아먹어요. 개구리의 새끼인 올챙이는 돌에 끼인 녹조류를 갉아 먹는답니다. 녹조류가 아무리 많아도 개구리한테는 전혀 쓸모없지만 올챙이는 이 푸른 음식을 좋아하지요.

**딱** 정벌레는 종류가 많아요. 무당벌레, 반딧불이, 사슴벌레 등이 모두 딱정벌레의 일종이에요. 딱정벌레의 애벌레는 몸이 통통하고 C 자 모양인 굼벵이형으로 땅속에 사는 종이 많아요.(*곤충의 애벌레는 구더기형, 굼벵이형, 방아벌레형 등이 있다.) 나무와 덤불의 뿌리를 갉아 대지요. 풍뎅이도 이런 종류에 속해요. 풍뎅이 애벌레는 여러 해 동안 땅속을 돌아다니며 먹이를 찾아 먹다가, 어느 해 봄에 번데기 허물을 벗고 어른벌레가 되어 땅 위로 나와요. 땅 위에는 뿌리가 없으니까 봄에 나뭇가지에서 돋아나는 싱싱한 잎사귀를 먹지요.

**꿀** 벌은 애벌레들에게 서로 다른 먹이를 먹여요. 처음에는 벌들이 직접 만들어 내는 특별한 혼합물인 로열 젤리를 모든 애벌레들에게 줘요. 며칠 후 유모들은 음식을 바꾸는데, 대부분의 애벌레들은 꽃가루와 꿀로 만든 죽을 먹지요. 그런데 이 가운데 로열 젤리를 계속 받아먹는 애벌레가 있어요. 이 애벌레는 여왕벌로 자라요. 로열(royal)은 '왕의'라는 뜻이에요. 이 '왕의 젤리'가 애벌레를 여왕으로 길러 주는 거예요. 참, 벌한테는 왕이 없어요. 여왕만 있답니다.

**연** 구자들은 얼마 전에 거미는 거미인데 포유류랑 비슷한 특성이 있는 작은 동물을 발견했어요. 바로 깡충거미의 한 종류예요. 사실 거미는 곤충처럼 알을 낳고 대부분 자식을 돌보지 않아서 새끼는 알을 까고 나오자마자 알아서 스스로 챙겨야 하지요. 그런데 어떤 깡충거미는 마치 노루나 멧돼지, 사람처럼 자식을 키워요. 젖을 먹이는 거예요. 이 깡충거미 새끼는 어미의 배 부분에서 나오는 젖을 먹고 쑥쑥 자라요. 다 클 때까지 그걸 먹는답니다.

## 동물·정보

### 유라시아피그미뒤쥐

유라시아피그미뒤쥐는 세상에서 가장 작은 포유류에 속해요. 몸무게가 풍뎅이 한 마리와 비슷하지요. 이름과는 달리 쥐랑은 전혀 연관이 없고 고슴도치랑 친척이에요. 유라시아피그미뒤쥐가 가장 좋아하는 먹이는 곤충인데, 사냥을 할 때면 심장이 일 분에 천 번이나 뛰어요. 대략 우리보다 열 배도 넘게 빠른 거예요.

### 퀴즈

산토끼는 새끼에게 얼마나 자주 젖을 먹일까요?

- 5분마다
- 매 시간마다
- 하루에 두 번

정답: 하루에 두 번 산토끼는 새끼에게 젖을 하루에 두 번 먹여요. 새끼는 태어나자마자 높이 곧추설 수 있어서 바로 다른 짐승들에게서 달아날 수 있답니다. 아마 사자가 나타나서 사냥거리를 찾을 때도 마찬가지일 거예요.

33

# 싱싱한 푸른 잎

세상에는 풀만 먹는 동물이 많아요. 매우 편리한 일이지요.
풀은 도망칠 수 없으니까요. 하지만 나뭇잎이나 풀은
많이 먹어도 쉽게 배가 부르지 않아요.

아마 여러분도 알 거예요. 밥 없이 나물 반찬만 먹거나 채소 샐러드만 먹는다면 한 끼 식사로 충분하지 않잖아요. 그런데 소나 사슴은 풀만 먹는데도 왜 굶주려 죽지 않을까요? 간단해요. 풀을 아주 많이 먹기 때문이에요. 날마다 먹는 데만 몇 시간이나 걸린답니다. 사슴 한 마리만 보아도 하루에 20킬로그램에 이르는 풀을 먹어야 해요. 커다란 가방을 꽉 채우면 무게가 그 정도 나갈 거예요.

이 사슴들은 풀을 제대로 씹지도 않고 허겁지겁 먹어요.

사슴은 풀을 정말 허겁지겁 뜯어 삼켜요. 풀밭에는 꼭 필요한 만큼만 머물 뿐 잠시도 더 있으려고 하지 않지요. 풀밭에선 포식자(*다른 동물을 잡아먹는 동물) 눈에 띄기 쉽거든요. 사슴은 풀을 마구 삼킨 다음 울창한 숲이나 덤불 속에 자리를 잡고 앉아요. 그리고 아까 급해서 제대로 씹지 못한 풀을 조금씩 위로 올려 보내지요. 밥맛 떨어진다고요? 사슴한테는 이런 일이 여러분이 입에 음식을 가득 넣고 씹는 것만큼이나 자연스럽답니다.

푸른 채소를 많이 먹으면 방귀도 많이 나와요. 커다란 초식 동물들은 방귀를 자주 뀌지요. 소나 말의 장 속에는 아주 작은 도우미, 특이한 박테리아들이 있어요. 현미경이 없으면 볼 수 없을 정도로 엄청나게 작지만 이들이 없으면 되는 일이 없답니다. 박테리아들이 풀과 채소를 더욱 잘게 쪼개 주어야만 비로소 초식 동물은 배가 부르거든요. 이때 박테리아는 가스를 많이 만들어 내요. 그래서 초식 동물은 방귀만 많이 뀌는 게 아니라 트림도 자주 하지요.

가을 견과류는 숲속 동물들에게 매우 귀중한 음식이에요.

꽃은 벌에게 카페에서 내놓은 안내판과 같은 역할을 해요. "여기 맛있는 음료가 있답니다!"

**식**물에는 잎과 줄기만 있는 게 아니에요. 꽃도 피어요. 꽃 속에는 꿀이 있고 벌과 나비가 이 꿀을 마시죠. 벌과 나비뿐만 아니라 많은 동물이 이런 '달콤한' 음료를 좋아해요. 딱정벌레나 개미, 딱따구리 같은 동물도 마찬가지죠. 하지만 딱따구리는 몸이 너무 무거워서 꽃잎에 내려앉을 수가 없어요. 그래서 달콤한 음료를 활엽수에서 얻는답니다. 바로 나무껍질에 구멍을 내는 방법으로요. 구멍이 여러 개 나면 마치 작은 점들이 다닥다닥 모인 것처럼 보이지요. 봄이면 이 구멍으로 즙이 흘러나오는데, 딱따구리는 그걸 핥아 먹어요.

**죽**은 나무를 좋아하는 곤충도 있어요. 곤충들이 죽은 나무 속에 알을 낳으면 그 애벌레는 때로는 몇 년 동안이나 줄기를 돌아다니면서 죽은 나무를 파먹어요. 그 좁은 나무 속에 여러 곤충들이 무척이나 빽빽하게 살아요. 앞에는 먹이가 되는 나무가 있고 뒤에는 화장실이 있지요. 애벌레가 싼 똥은 꾹 눌러 놓은 톱밥처럼 생겼는데 바싹 말라 있어요. 나무줄기 속에 물기가 없으니까요. 애벌레는 수분을 잃지 않으려고 오줌은 아예 싸지도 않아요.

**잎**사귀, 꿀, 가지 등등 동물은 나무의 거의 모든 것을 먹을 수 있어요. 앗! 한 가지 더 있어요. 열매요! 열매는 아주 중요해요. 대개 늦여름이나 가을에 익거든요. 많은 동물이 겨울을 나거나 남쪽으로 가기 위해 준비하는 시기랍니다. 여기서 준비한다는 건 가능한 한 많이 먹는 거예요. 그러다 보면 살이 찌기도 하는데, 이게 아주 중요해요. 나중에 먹을 게 없을 때 피부밑 지방 덕분에 굶어 죽지 않거든요.

**동**물이 겨울을 준비하며 배를 채울 수 있게 우리가 도울 수 있어요. 늦여름에 열매가 맺히는 풀이나 나무를 정원에 심으면 돼요. 산딸기나 마가목 같은 거요. 마가목 열매는 약효가 좋아 사람들에게도 인기가 좋아요.

### Schau mal! 잠깐만!

## 곤충들의 아기방

바닥에 놓여 있는 죽은 나무줄기를 보면 그 속에 어떤 애벌레가 살았는지 알 수 있어요. 나무에 난 자그마한 구멍을 살펴보세요. 그 구멍은 줄기 속에서 살던 애벌레가 번데기가 되었다가 빠져나오면서 생긴 구멍이에요. 송곳벌은 몸통이 동그라니까 빠져나온 구멍도 동그래요. 면봉이 들어갈 만한 크기지요. 구멍이 더 작다면 그건 다른 곤충이 뚫은 구멍이에요.

하늘소는 몸통이 타원형이라서 구멍도 타원형이에요.

### Quiz 퀴즈

마가목의 빨간 열매를 좋아하는 새는 몇 종이나 될까요?

🍃 3종  🍃 60종 남짓  🍃 700종 남짓

정답: 북유럽에는 5000여 종의 새가 관찰되었어요. (동남아, 아프리카, 남아메리카에는 더 많지요.) 그중에 마가목 열매를 좋아하는 새는 60종이 넘는답니다.

## 냄새는 고약해도 맛은 좋아요

모든 동물은 똥을 누러 화장실에 가야 해요. 아니, 덤불 속에 가야 한다는 게 더 맞겠네요. 숲에는 노루, 사슴, 멧돼지 같은 동물이 수백만 마리나 있어요. 그 동물들이 모두, 하루에 몇 번씩 볼일을 봐야 하죠.

그러면 숲속 동물들이 남긴 것들은 모두 어디에 있을까요? 숲속 동물들이 다 똥을 누니까 사실 숲 바닥은 똥으로 가득해야 하는데, 그렇지 않잖아요. 숲속을 걸어가도 좀처럼 보기 힘들지요. 똥이 아무 데나 놓여 있지 않은 건 바로 금풍뎅잇과 딱정벌레 덕분이에요. 금풍뎅이는 사슴이나 노루 같은 초식 동물의 똥이 멋지다고 생각해요. 특히 물기가 남아 있을 때 더욱 매력을 느끼죠. 똥은 햇볕을 받으면 금방 바싹 마르기 때문에 금풍뎅이는 자기가 발견한 똥을 모두 땅속 0.5미터 깊이까지 파묻어 버린답니다. 그러면 땅속에서 똥이 오랫동안 촉촉하게 남아 있지요. 그리고 알도 똥 속에 낳아요. 애벌레가 알에서 빠져나왔을 때 새한테 들키지 않고 안전한 데다, 더 좋은 건 가장 좋아하는 음식이 바로 눈앞에 있다는 거죠.

똥을 파묻으려면 똥이 어느 정도 단단해야 해요. 때로 커다란 동물들이 똥을 걸죽하게 싸 놓기도 해요. 두 가지 이유가 있어요. 몸이 아파서 설사를 하거나, 음식에 물기가 너무 많은 나머지 똥이 흠뻑 젖어서 나오는 거예요. 특히 비가 많이 내리는 봄에 사슴한테 그런 일이 흔해요. 이 무렵 풀은 유난히 싱싱하고 푸르며 물기가 많아요. 반면 식이 섬유는 적게 들어 있지요. 그러면 배 속이 제대로 우르릉거리죠.

사슴이 싼 똥이 알알이 놓여 있어요. 음식에 물기가 적었다는 사실을 짐작할 수 있어요.

그래도 대부분의 똥은 단단해요. 동물의 종류에 따라 모양도 여러 가지예요. 노루, 사슴, 산토끼는 풀만 먹어요. 역시 풀만 먹는 양처럼 이 동물들이 누는 똥도 흑갈색을 띤 조그만 공 모양이에요. 여우나 늑대 같은 육식 동물은 소시지 모양의 똥을 누지요. 동물의 크기에 따라 똥 크기도 달라요. 찬찬히 살펴보면 그 안에 육식 동물이 잡아먹은 다른 동물의 털도 섞여 있어요.

똥 말고도 동물들이 즐기는 특이한 음식이 있어요. 아마 여러분한테는 전혀 맛있게 들리지 않을 거예요. 뭐냐고요? 죽은 동물이에요. 쥐 한 마리가 죽으면 얼마 안 가 냄새가 나기 시작해요. 그 냄새가 송장벌레 같은 곤충들을 끌어들여요. 주황색, 검은색 줄무늬가 예쁘장하게 어우러진 송장벌레는 죽은 쥐 냄새를 맡으면 당장 달려온답니다. 혼자 오는 게 아니라 암컷, 수컷이 꼭 짝을 지어서 와요. 이들은 죽은 쥐를 곧바로 땅속에 파묻기 시작해요. 파리가 그 위에 알을 낳거나 여우가 죽은 쥐를 가져가지 못하게 하는 거예요. 그리고 땅속에서 죽은 쥐를 동그랑땡 모양으로 빚은 다음 그 위에 자신의 몸에서 나온 액체를 뿌려 적셔요. 그 액체는 고기가 오래도록 신선하게끔 해 주지요. 마지막으로 송장벌레 암컷이 알을 낳아요. 그 알을 까고 나온 애벌레는 부모가 빚은, 죽은 쥐의 고기를 먹는답니다.

### 비타민 알약

집토끼와 기니피그한테 똥은 아주 특별해요. 집토끼와 기니피그는 풀이랑 채소를 가장 잘 먹지만 때로는 자기가 싼 똥도 갉아 먹어요. 아휴, 더럽다고요? 언뜻 들으면 그렇지만 이들에게는 똥을 갉아 먹는 게 여러분이 과일을 잘 챙겨 먹는 것만큼이나 중요해요. 똥 속에 비타민이 많이 들어 있거든요. 이런 동물은 자기 똥을 먹지 못하면 병에 걸려요.

**세상에서 가장 긴 조충의 길이는 얼마나 될까요?**

🍃 1미터　🍃 10미터　🍃 20미터

정답: 세상에서 가장 긴 조충은 20미터예요. 향유고래한테도 아주 긴 똥이 있어요. 고양이나 강아지가 게, 강아지 사람이 이 똥기를 풀로 삼아 이가 빠져 때 풀릴 수도 있지만, 다행히 이 일은 자주 있는 일은 드물답니다.

# 잡아먹히지 않으려면

큰 동물이 작은 동물을 잡아먹는다는 사실은 잘 알죠? 도대체 어떤 동물이 다른 동물의 위 속에서 삶을 마치고 싶겠어요? 그런 일이 너무 자주 일어나지 않도록 작은 동물들은 여러 방법을 찾아냈어요.

이 나방은 이중으로 자기를 지켜요. 낮에 마른 풀에 붙어 잠을 자는데 몸 색깔이 마른 풀이랑 아주 비슷해요. 또 몸에 난 폭신폭신한 털은 박쥐의 소리를 흡수해 버려요.

**가**장 좋은 건 눈에 띄지 않는 거예요. 첫째는 몸을 잘 숨겨야 하지요. 숨기 어려우면 잘 위장하면 되고요. 자신의 몸이 천적의 눈에 띄지 않게 색을 꾸미는 거예요. 이런 색을 보호색이라고 해요. 보호색은 정말 다양해요. 유럽참개구리는 초록색이에요. 연못의 물풀 사이에 있으면 움직일 때만 보이지요. 노루와 사슴은 털이 갈색이에요. 숲의 바닥과 나무줄기가 대개 갈색이기 때문에 갈색 털은 노루와 사슴을 잘 숨겨 준답니다.

**새**는 나방을 즐겨 먹어요. 그래서 나방은 주로 밤에 날아다녀요. 밤에는 새들이 거의 아무것도 보지 못하니까요. 하지만 아무리 사방이 캄캄해도 소리로 뭐가 어디 있는지 잘 아는 동물이 있어요. 바로 박쥐예요. 박쥐는 사람이 들을 수 없는 아주 높은 주파수의 소리도 들을 수 있어요. 그렇게 주파수가 20킬로헤르츠가 넘는 음파를 초음파라고 하는데, 박쥐는 늘 나방을 잡아먹으려고 아주 많이 또 아주 시끄럽게 초음파를 내보내요. 그리고 그 소리가 물체에 부딪쳐 돌아오는 작은 메아리에 귀를 기울이지요. 그게 나방일 수도 있으니까요! 하지만 나방에게도 그에 맞설 방법이 있어요. 몸에 난 촘촘하고 폭신폭신한 털을 이용한답니다. 그 털은 박쥐가 나방을 그리 쉽게 찾지 못하게끔 박쥐가 내지른 소리를 메아리로 반사시키지 않고 그냥 흡수해 버리지요.

**게**다가 나방은 소리를 아주 잘 들어요. 비록 귀는 작지만 박쥐가 높은 소리를 내면 다 알아채요. 박쥐가

> **Quiz 퀴즈**
>
> 숲속에서 짖는 소리가 들린다면 그건 대부분
>
> 🍃 노루예요.  🍃 여우예요.
> 🍃 늑대예요.
>
> 정답: 여우예요. 여우는 짖을 줄 알아요. 특히 짝짓기를 하는 때는 더 많이 울부짖지요.

38

가까이 있다는 사실을 알면 나방은 그냥 풀에 내려앉아요. 거기서는 박쥐가 나방을 발견하지 못하거든요.

몸을 숨기거나 위장하지 않고 천적으로부터 자신을 보호할 수도 있어요. 고슴도치한테는 가시가 많아요. 어떤 동물이 자기를 공격하면 고슴도치는 그냥 몸을 웅크려 버려요. 언젠가 아저씨 개가 고슴도치를 물려고 한 적이 있어요. 그때 입이 얼마나 아팠는지 개는 다시는 그런 시도를 하지 않더라고요.

어떤 나비들은 진홍나방처럼 독으로 자신을 지키기도 해요. 진홍나방의 애벌레는 독성이 있는 개쑥갓을 먹어요. 샐러드용 채소랑 헷갈려서 잘못 먹을 경우, 개쑥갓은 인간한테도 해를 끼칠 수 있어요. 개쑥갓에 있는 독성은 진홍나방의 애벌레한테는 아무 해도 입히지 않아요. 그 덕분에 애벌레 자체에 독성이 생긴답니다. 어떤 새가 그 애벌레를 먹었다가는 자칫 죽을 수도 있어요. 새들은 그걸 알기 때문에 이런 애벌레를 건드리지 않아요. 새들이 그걸 어떻게 아냐고요? 진홍나방의 애벌레한테 검은색과 주황색 줄무늬가 있거든요. 주변의 자연을 닮은 색으로 위장하지 않고 오히려 누구나 볼 수 있게 경고해요. 포식자들은 이렇듯 눈에 확 띄는 색의 동물은 독이 있어서 자신을 아프게 할 수 있다는 사실을 알고 있어요. 여러분도 눈에 확 띄는 다른 동물을 한번 떠올려 보세요. 음, 말벌이요! 말벌에 쏘이면 무척 아프잖아요. 말벌은 노랗고 검은 줄무늬로 경고하지요. 불도롱뇽도 검은색 몸에 노란 무늬가 찍혀 있어 위협적으로 보여요. 불도롱뇽은 독성이 있는 액체를 분비해요. 아무도 그런 동물을 먹으려 들지 않는답니다.

하지만 이 모든 게 소용없다면 어떡하죠? 그럴 때는 재빨리 도망쳐야 해요. 산토끼는 정말 빨리 달려요. 산토끼는 위험할 때 우선 몸을 숙여서 풀 속에 숨으려고 해요. 그래도 여우가 너무 가까이 다가오면 바람처럼 빠르게 달려가지요. 갈팡질팡 톱니 모양으로 방향을 바꿔 가면서요. 여우는 물론 개도 그렇게 빨리 방향을 바꿀 수 없어요.

## 동물·정보

### 민달팽이

독일에서 붉은민달팽이를 보는 게 점점 더 힘들어졌는데, 새로운 종이 프랑스에서 들어왔어요. 스페인민달팽이예요. 이 민달팽이가 스페인에서 독일로 건너왔다고 생각했기 때문에 이런 이름이 붙었어요. 우연히 채소 상자에 묻어서 들어왔는데 독일에서 그 수가 엄청나게 불어났지요. 그건 스페인민달팽이가 맛이 없기 때문이에요. 점액이 어찌나 쓴지, 민달팽이 메뉴를 좋아하는 고슴도치나 새조차 피할 지경이라니까요. 이들은 아무리 찾기가 힘들어도 차라리 붉은민달팽이를 먹지요. 스페인민달팽이는 대략 찻숟가락 길이만큼 길어질 수 있어요. 사람들은 대부분 스페인민달팽이가 정원에 있는 걸 좋아하지 않아요. 푸른 잎이란 푸른 잎은 모조리 다 먹어 치우거든요. 스페인민달팽이는 100미터 떨어진 곳에서도 양상추 냄새를 맡을 수 있다고 해요. 100미터면 거의 커다란 축구장 길이인데!

# 동물의 언어

40

동물은 서로 할 이야기가 많아요. 그래서 소리를 질러요. 어떤 동물은 웃기도 해요. 동물은 기분이 어떤지, 뭘 하고 싶은지 몸으로 알려 줄 수도 있어요. 잘 살펴보고 귀를 기울인다면 여러분도 동물이 어떤 말을 하는지 알아챌 수 있어요.

# 노래하기, 히힝거리기, 방귀 뀌기- 말하는 방법이 다양해요

물론 동물은 우리가 말하는 것처럼 그렇게 말할 수는 없어요. 앵무새만 가끔 '사람의' 단어를 흉내 내지요. 동물들은 자신들만의 고유한 언어로 의사소통을 해요. 물고기도 그렇답니다.

말이 특히 오랫동안 높은 소리로 히힝거린다면 무언가 마음에 들지 않는다는 뜻이에요.

**예**전에는 물고기가 말을 하지 못한다고 생각했어요. 과학자들은 물고기가 끊임없이 입을 뻐끔대는 모습을 보고 숨을 쉬려고 그런다고만 생각했죠. 물고기가 소리를 낸다는 사실은 못 보고 지나쳤어요. 아니, 못 듣고 지나친 거죠. 지금은 물고기가 이빨을 부딪쳐서 의사소통한다는 사실을 알게 됐어요. 청어는 더 특이한 짓을 해요. 글쎄, 이야기하려고 방귀를 뽕뽕 뀌어 댄다니까요! 어떤 때는 7분이 넘게 방귀를 뀌기도 해요. 과학자들은 물고기가 이런 소리를 이용해서 무리 속에서 제자리를 찾는다고 추측해요. 이렇게 방귀를 뽕뽕 뀌어 대면 다른 물고기들은 그 청어가 지금 어디쯤 헤엄치고 있는지 알 수 있어요. 방귀를 뀌는 건 물고기가 잘 보지 못하는 밤에 특히 유용해요.

**우**리는 오랫동안 말이 의미 없이 히힝거린다고 생각해 왔어요. 하지만 스위스 과학자들이 몇 년 전에 이것도 일종의 언어라는 사실을 알아냈어요. 우리는 그저 귀만 기울이면 돼요. 말이 히힝거리는 소리에 높낮이가 있다는 사실은 오래전부터 알려져 있었지만, 말들이 높은 소리를 내는 동시에 낮은 소리도 낸다는 사실은 거의 아무도 눈치채지 못했어요. 아저씨도 20년 동안 말을 돌봤지만 몰랐다니까요! 말이 어떤 이야기를 하고 싶은지에 따라서 히힝거리는 소리가 달라요.

**새**들이 봄에 노래하는 소리도 일종의 언어예요. 하지만 그 아름다운 멜로디는 고작 이런 뜻이죠. "썩 꺼져. 여긴 이미 주인이 있어!" 그러니까 새들은 노랫소리로 자기 영역을 지키는 거예요. 가을에는 알을 품지 않기에 영역이

**Quiz 퀴즈**

식물도 말을 할 수 있어요. 식물은 냄새로 말하지요. 모든 냄새가 각각 뭔가 다른 것을 뜻해요. 지금까지 과학자들은 이런 '식물의 단어'를 얼마나 많이 발견했을까요?

🌿 15개   🌿 370개   🌿 2000개

정답: 지금까지 과학자들은 수많은 실험 끝에 '식물의 단어'를 2000개 정도 발견했어요.

### 따라 해 보세요!

동물들이 이토록 이야기를 많이 하는 건 좋은 일이에요! 그 덕분에 우리는 굳이 눈으로 보지 않고도 동물을 관찰할 수 있거든요. 소리만 듣고 관찰하기에 가장 좋은 동물은 새예요. 스마트폰을 들고, 들리는 새의 노랫소리를 녹음하세요. 이와 비교할 표본만 있으면 어떤 새가 지저귀는지 알 수 있답니다. 혹은 스마트폰 앱을 활용해도 좋아요. 앱 중에는 울음소리를 듣고 그게 어떤 새인지 알아낼 수 있는 것도 있어요.

필요하지 않아서 노래를 부르지 않아요. 삐악거리거나 까악거리는 등 다른 소리를 내서 이야기를 하지요. 새들은 서로 할 이야기가 아주 많답니다. 유럽과 아시아에 사는 어치는 올빼미나 보라매처럼 자기를 잡아먹는 천적이 다가오면 소리로 다른 어치에게 경고를 해 줘요. 심지어 어치한테는 올빼미와 보라매를 뜻하는 각각 다른 '단어'가 있어서, 지금 정확하게 어떤 새가 날아오는지 다른 어치가 당장 알 수 있지요.

**두**루미가 이야기하는 것은 좀 달라요. 두루미는 가을에 남쪽으로 가기 전에 어떤 길로 날아갈지 서로 의논해요. 좀 돌더라도 독일 서부를 지나 날아가는 게 나을까, 아니면 알프스산맥을 넘어 직접 날아가는 게 나을까? 이런 식이에요.

**심**지어 어떤 종은 다양한 언어가 있어요. 예를 들어 꼬까울새가 그렇답니다. 꼬까울새는 유럽뿐만 아니라 아프리카 북서부에 있는 카나리아 제도의 섬에도 살아요. 아마 독일에 사는 어린이가 카나리아 제도의 섬에 방문한다면 새소리를 듣고 놀랄 수도 있어요. 카나리아 제도에 사는 꼬까울새는 독일에 사는 꼬까울새랑 완전히 다른 소리를 내거든요. 독일에 사는 꼬까울새가 카나리아 제도의 테네리페섬에 사는 꼬까울새를 만나면 한마디도 못 알아들을 거예요.

코끼리는 목소리로 서로를 알아보지요.

**코**끼리도 마찬가지로 소리를 내서 의사소통을 해요. 어떤 '단어'들은 주파수가 너무 낮아서 우리 인간에게는 전혀 들리지 않지요. 코끼리는 멀리 있는 다른 코끼리에게 경고를 하려고, 땅에 발을 굴러서 웅웅거리는 낮은 소리를 전달한답니다. 다른 코끼리 또한 발로 이 소리를 듣고는 사자가 주위에 있다는 사실을 알게 되지요.

# 말없이 이해하기

여러분은 말없이 말을 할 수 있어요. 친구들은 여러분 표정을 보고 지금 슬픈지, 즐거운지 또는 화가 났는지 알아차려요. 여러분에게 어떤 일이 있는지 당장 알 수 있지요. 많은 동물들도 그렇게 의사소통을 한답니다.

말이 귀를 앞으로 쫑긋 내미는 건 여러분 말을 잘 듣고 있다는 뜻이에요.

말은 기분이 좋지 않을 때 귀를 뒤로 납작하게 내리깔아요. 그리고 꼬리를 이리저리 휘두르지요. 긴장이 풀리면 고개를 숙이고 귀는 기껏해야 살짝 뒤쪽을 향할 뿐이에요.

신체 언어는 대부분 머리, 특히 얼굴로 표현이 되어요. 하지만 어떤 때는 온몸으로 의사소통을 할 수도 있어요. 여러분 자신만 생각해도 알 수 있잖아요. 기분이 나쁠 때는 기분이 좋을 때랑 뭔가 몸가짐이 달라진다는 걸요. 아마 몸은 조금 처지고 고개도 약간 숙어질 거예요. 말은 그걸 당장 알아본답니다. 그럼 여러분과 함께 일을 하려고 들지 않아요. 기분이 나쁜 사람은 불공정하다는 사실을 알고 있거든요. 말은 불공정한 걸 정말 싫어하지요.

염소도 우리 태도를 아주 정확하게 관찰해요. 아저씨는 날마다 집 근처 풀밭에서 그런 모습을 본답니다. 염소는 평소에 아저씨를 보면 곧장 달려와요. 자기를 쓰다듬어 주리라는 사실을 알고 있으니까요. 하지만 염소의 발굽을 잘라 주어야 할 때는 달라요. 발굽을 자른다고 해도 아프지 않지만 염소는 좋아하지 않죠. 발굽을 자르러 다가가면 염소는 그냥 도망쳐 버려요. 아무리 가위를 주머니에 꼭꼭 숨겨도 소용없어요. 아저씨는 애써 자연스럽게 다가가려고 하지만 염소는 당장 알아차린답니다. 눈에 띄지 않게 행동하려고 의식하면 자세가 조금 달라지기 때문이지요.

동물과 사람의 신체 언어는 아주 비슷해요. 축구 중계방송의 페널티 킥 장면에서 골키퍼의 모습을 잘 살펴보세요. 골키퍼의 행동만 봐도 골키퍼의 기분이 어떤지 알 것 같지요? 개는 낯선 개에게 깊은 인상을 남기려 할 때는 목털과 꼬리를 한껏 치켜세워요. 그러면 몸이 커 보이거든요. 반대로 겁이 날 때는 꼬리를 다리 사이에 꼭 끼워 넣고 몸을 작아 보이게끔 만들어요. 그럼 낯선 개도 겁에 질린 개가 위협적이지 않다고 느껴서 서둘러 공격하지 않아요.

### 조심하기

까마귀는 저 멀리에서 다 가오는 사람의 의도를 알아 맞히려고 해요. 저기서 사냥꾼이 오는지 그렇지 않은지 알아내고 싶어 하지요. 사람들한테 무기가 있는지 살펴보고 만약 그렇다면 얼른 도망쳐 버려요. 산책용 지팡이를 짚은 사람이 다가가도 도망을 친답니다. 까마귀한테는 지팡이가 총처럼 보이니까요.

낯선 사람이 여러분의 눈을 아주 오래 들여다본다면 기분이 좋을까요? 분명 그렇지 않을 거예요. 개와 고양이한테도 그런 행동은 위협이랍니다. 고양이가 다른 낯선 고양이를 쫓아내려고 할 때 고양이들은 서로 뚫어지게 노려보지요. 잘 모르는 개를 빤히 바라보는 건 좋은 행동이 아니에요. 그럼 개는 여러분이 자기를 공격할 것이라고 생각하니까요. 하지만 눈을 똑바로 보는 게 좋을 때도 있어요. 엄마나 아빠가 여러분을 그렇게 바라보면 좋은 느낌이 들 거예요. 식구나 다름없는 개도 그래요. 여러분이 지그시 바라보면 개는 여러분이 자기를 좋아한다고 생각할 거예요.

어떤 신호는 사람과 동물한테 서로 아주 다른 작용을 해요. 사람들이 빙그레 웃으면 그건 친절함을 뜻하거나 긴장이 풀렸다는 신호예요. 그럴 때 이가 드러나기도 하지요. 하지만 개들 사이에서는 입술을 올려서 이빨을 보이는 행동은 위협이랍니다.

가슴팍을 숙이고 엉덩이를 치켜들면 "나랑 같이 놀아요!"

### 따라 해 보세요!

여러분은 동물과 신체 언어로 소통할 수 있나요? 집에 반려동물이 없어도 괜찮아요. 동물을 만지고 쓰다듬을 수 있는 체험형 동물원에서 해 볼 수 있으니까요. 그런 곳에 사는 동물은 사람들에게 익숙하기 때문에 거기서 어떤 동물이 여러분 의도를 알아차리는지 살펴볼 수 있어요. 그 동물을 쓰다듬고 싶어요? 먹이를 주고 싶나요? 아니면 그냥 멀찌감치 떨어져 있으면 좋겠어요? 마치 사람에게 이런 의도를 보여 주듯 행동하고 그 동물이 여러분을 이해하는지 지켜보세요.

# 뻔뻔스러운 새,
## 간지럼 타는 개

누군가 우스꽝스러운 짓을 하거나 간지럼 태우면 어떻게 하나요?
웃음을 터뜨리지요? 동물들도 마찬가지랍니다.

이 돌고래들이 웃고 있을까요?
그건 아무도 모르지만 돌고래는
언제나 친절해 보여요.

**사**람들은 동물이 웃지 못한다고
오랫동안 믿어 왔어요. 그런데 마치
늘 웃는 것처럼 보이는 동물이 있어요. 바로
돌고래예요. 돌고래는 미소 짓는 듯이
입꼬리가 살짝 위로 올라가 있어요.
돌고래의 기분이 좋은지 나쁜지와는
상관없이 항상 그래요. 그렇다고 돌고래가
웃는다고 할 수는 없어요.

**하**지만 이제 사람들은 간지럼 타는
동물이 많다는 사실을 알아요.
개나 말이나 쥐는 간지럼 타는 부위를 살살
긁어 주면 웃지요. 그 웃음소리는 우리랑
달라요. 개는 헉헉거리고 말은 히힝거려요. 쥐가 웃는 소리는 아예 들리지 않지요.
쥐의 웃음소리는 주파수가 너무 높아서 우리 귀에 들리지 않아요. 과학자들은
특수 마이크를 이용해 쥐가 웃는다는 사실을 알아낼 수 있었지요.

### 따라 해 보세요!

누군가 여러분을 간지럼 태우면 웃음이 나지요? 그게 꼭 간지럼 탄
부분이 민감해서만은 아니에요. 간지럼을 타려면 다른 사람이 만
져야 해요. 스스로 간지럼을 태울 수는 없지요. 간지럼을 왜 타는지
에 대한 유력한 가설은 신체의 약점을 알고 방어 능력을 학습하기
위해서라고 해요.

46

그러면 동물도 서로 장난을 치고 그 장난에 웃을까요? 아쉽게도 아저씨는 동물들이 서로 농담을 주고받는지는 잘 몰라요. 동물의 언어를 제대로 이해하지 못하니까요. 하지만 그냥 장난삼아 우스꽝스러운 행동을 하는 종은 몇몇 있어요. 정글에 사는 앵무새가 그렇답니다. 앵무새들이 나무 한 그루에 쪼르르 앉아 있다가 그 가운데 한 마리가 날지 못하는 척 나뭇가지에서 내려와 바닥에 철퍼덕 떨어져 버려요. 그럼 다른 앵무새들은 웃겨서 깍깍거리죠.

어떤 까마귀들은 개한테 장난을 쳐요. 개가 가게 앞에 묶여 있으면 일부러 더 그래요. 개가 한눈을 파는 사이에 살금살금 다가가서 꼬리를 꽉 꼬집은 다음 얼른 몇 걸음 뒤로 물러나요. 물론 개는 냉큼 뒤돌아보고 까마귀를 잡아채려고 해요. 하지만 줄에 묶여 있기 때문에 그리 멀리 따라가지 못하지요. 까마귀는 느긋하게 서서 그 상황을 즐긴답니다. 개들이 자기가 묶여 있어서 까마귀를 쫓아갈 수 없다는 사실을 잊어버리기 때문에 그토록 우스운 거예요. 종종 줄에 묶여 있지 않은 개를 골려 줄 때도 있어요. 그럼 잡히지 않도록 잽싸게 날아올라야겠지요.

"할 수 있으면 나를 잡아 봐!"
뻔뻔스러운 뿔까마귀가 개한테 꼭 이렇게 말하는 것 같아요.

개도 마찬가지로 장난을 칠 수 있어요. 언젠가 개 두 마리가 연못가에서 노는 모습을 본 적이 있어요. 한참 놀다가 개 한 마리가 다른 개를 다짜고짜 물속에 밀어 넣고는 즐거워했어요. 아마 물에 빠진 개는 그리 즐겁지 않았을 거예요. 여러분도 분명 친구들이랑 이런 장난을 해 봤겠지요.

사람은 종종 마음이 놓일 때도 웃어요. 동물도 그리 다르지 않아요. 새들은 고양이가 자기 둥지로 살금살금 다가오는 걸 알아채고는 무척 긴장한답니다. 고양이를 쫓아내거나 멀리 꾀어내려고 하지요. 그럴 때 어미 새는 고양이 앞에서 날개가 부러진 척하면서 깡충깡충 뛰어다녀요. 고양이는 손쉬운 사냥감이 생긴 줄 알고 어미를 잡아채려고 해요. 어미 새는 계속 총총거리면서 둥지에서 멀어지다가 충분히 멀어졌을 때 다시 하늘 높이 날아올라요. 어미 새는 고양이가 사라진 다음 마음이 놓이는지 시끄럽게 짹짹거리기 시작하지요.

# 동물들의 패션쇼

어떤 사람들은 옷으로 다른 사람에게 깊은 인상을 주려고 해요.
동물들도 가죽이나 깃털로 자신을 멋지게 꾸미려고 노력한답니다.
이렇게 말하는 거지요. "봐, 내가 얼마나 멋진지!"

공작이 꽁지덮깃을 활짝 펼치면 마치 눈이 많이 달린, 커다란 바퀴 같아요. 누구라도 넋 놓고 바라보게 되지요.

**동**물들은 특히 번식기에 눈에 확 띄고 싶어 해요. 대개 수컷이 더 크고, 예쁘고, 다채로워지고 싶어 하지요. 그래야 암컷이 그 수컷을 멋지다고 생각하니까요.

**그**래서 공작 수컷은 특히 꽁지덮깃을 길게 길러요. 깃털마다 눈처럼 생긴 무늬가 있지요. 암컷은 그냥 눈에 잘 띄지 않는 회갈색이랍니다. 그래야 나중에 알을 품을 때 다른 동물들한테 금방 들키지 않거든요. 암컷은 가장 아름다운 수컷을 골라 가족을 이루어요.

**수**사슴한테는 깃털이 없지만 대신 뿔이 있어요. 이 뿔은 해마다 가을이 지나면 저절로 떨어져 나가고 그 자리에 새 뿔이 나와서 자라요. 나이가 들고 힘이 세어질수록 뿔도 더 커져요. 이 뿔로 수사슴은 암사슴에게만 깊은 인상을 주고 싶은 게 아니에요. 오히려 다른 수사슴에게 보여 주는 게 훨씬 더 중요하지요. 수사슴은 다른 사슴한테 화려한 뿔이 있으면 그냥 도망쳐 버리거든요. 그런 뿔이 있는 수사슴이 싸움도 잘하니까요. 다른 사슴이 다 사라지고 혼자 남은 수사슴은 모든 암컷을 차지할 수 있어요. 다른 사슴이 도망가지 않고 암컷들을 포기하려 하지 않을 때만 싸움이 일어나요.

**염**소도 사슴이랑 비슷하게 행동해요. 차이가 있다면 해마다 뿔을 갈아 치우는 사슴과는 달리 염소는 커다란 뿔 두 개를 갈아 치우지 않고 그대로 둔다는 거지요. 염소 머리에는 평생 같은 뿔이 달려 있답니다. 숫염소는 암컷의 앞다리랑 주둥이에 오줌을 싸요. 오줌이 좋은 냄새를 풍긴다고 생각하거든요. 암염소도 그렇게 생각하지요!

**산**에 사는 도롱뇽인 알파인뉴트 사이에서는 파란색과 주황색이 선명한 개체가 인기예요. 알파인뉴트는 번식기가 되면 몇 주 동안 물속에서 살아요. 암컷이 수수하게 남아 있는 반면 수컷은 몸의 윗면이 짙은 점이 찍힌 파란색으로 변해요. 아랫면은 진한 주황색으로 반짝이고요. 여름에 물에서 다시 빠져나오면 그 빛깔은 바래 버려요.

**눈**에 잘 띄는 신체 부위나 피부색은 때로 짝짓기 때뿐만 아니라 서열을 보여 주기도 해요. 수탉의 경우, 누가 가장 멋지고 힘센지 볏의 크기로 드러나요. 참새는 조금 더 꼼꼼하게 살펴봐야 해요. 가슴팍의 짙은 얼룩이 크고 부리 색깔이 짙을수록 강하다고 여기거든요. 참새는 짝짓기를 할 때뿐만 아니라 일 년 내내 싸워요. 누가 최고인지 알아내려는 거예요. 힘이 센 참새는 부리가 짙은 색으로 물들고 가슴팍에 커다란 검은 얼룩이 생겨나요. 그럼 보기만 해도 금방 누가 대장인지 알게 되지요.

### 크게 만들기

사람은 동물을 슬쩍 훔쳐 보고 따라 하기도 해요. 중요하게 보이고 싶은 사람은 자신을 더 크고 멋지게 꾸민답니다. 영국 근위병을 보면 알 수 있어요. 다른 사람들에게 깊은 인상을 남기려고 높은 털모자를 쓰고 눈에 잘 띄는 새빨간 윗옷을 입어요. 누구라도 못 보고 그냥 지나칠 수 없지요.

**퀴즈**

고니는 깃털이 대략 몇 개나 될까요?

- 1300개
- 15000개
- 25000개

정답: 고니 중 가장 마리아네 약 25000개의 깃털이 있어요. 참새 같은 작은 새는 깃털이 약 1300개밖에 안 돼요.

알파인뉴트 수컷은 눈에 띄는 색깔로 암컷에게 깊은 인상을 남기려고 해요. 암컷이 가장 알록달록한 수컷을 고르니까요.

49

# 신기한 딱정벌레들-
# 초롱불 동물, 높이뛰기 선수, 폭발 대마왕

딱정벌레는 정말 놀라워요. 어떤 딱정벌레는 몸속에 손전등이 들어 있고 어떤 딱정벌레는 뒤로 자빠졌을 때 특히 높이 뛰어오를 수 있다니까요. 또 다른 딱정벌레는 화가 나면 부글부글 끓어올라요.

### 반딧불이

반딧불이는 무척이나 독특한 생물이에요. 딱정벌레의 일종으로 개똥벌레라고도 부르지요. 독일에서는 중부유럽반딧불이, 북방반딧불이 등을 흔히 볼 수 있어요. 반딧불이는 전등이 없어도 스스로 불빛을 만들어 낸답니다. 반딧불이 몸에는 투명한 부분이 있는데 바로 그 부분이 푸르게 빛나요. 작동 원리가 궁금한가요? 반딧불이의 체액(*동물의 몸을 채우고 있는 피, 림프 등을 통틀어 이르는 말)에는 빛을 만들어 낼 수 있는 물질이 들어 있어요. 그걸 어떻게 섞는지에 따라서 불을 켤 수도 있고 끌 수도 있지요. 불빛이 켜져도 반딧불이는 전구와 달리 뜨겁게 달아오르지 않고 그냥 차가운 상태로 있어요.

반딧불이 암컷은 날개가 없어서 바닥이나 덤불 속에 앉아 있어요. 캄캄한 어둠 속에서 수컷이 날아서 지나갈 때까지 기다린답니다. 반딧불이 수컷은 위에 있는 새에게 들키지 않도록 아래쪽에만 불빛을 밝히고 날아다녀요. 암컷은 이 불빛을 보면 자기도 빛을 내기 시작하지요.

반딧불이는 짝짓기를 하고 알을 낳으면 이내 죽고 말아요. 무언가 제대로 먹어 보지도 못한 채로요! 그래도 반딧불이는 곤충치고는 아주 오래 산답니다. 애벌레로 보내는 어린 시절이 믿을 수 없을 만큼 길거든요. 이때 반딧불이 애벌레는 달팽이 같은 걸 먹어요. 그래서 정원에 있는 달팽이를 없애지 않는 게 중요하지요. 어차피 달팽이가 너무 많아지지는 않을 거예요. 반딧불이 애벌레는 먹성이 좋으니까요. 반딧불이 애벌레는 삼 년이 지난 다음에야 다 자라서 번데기가 되었다가 이를 벗고 나와 어른벌레로는 아주 짧게 살지요.

반딧불이의 불빛은 얼마나 밝을까요?

- 촛불보다 1000배 정도 약해요.
- 촛불보다 100배 정도 밝아요.

정답: 반딧불이의 불빛은 촛불보다 1000배 정도 약해요. 하지만 장님거미 같은 다른 곤충들이 이를 보고 짝짓기 상대나 먹잇감을 찾기도 해요.

### 방아벌레

방아벌레는 손전등을 단 채 날아다니지 않아요. 실제로 방아를 찧지도 않고요. 방아벌레라는 이름은 다른 특성 때문에 붙었어요. 방아벌레 말고 다른 종류의 딱정벌레는 몸이 뒤집히면 스스로 다시 일어날 수 없을 때가 많아요. 아저씨도 종종 풍뎅이가 뒤집혀서 버둥거리는 걸 보고 도와준 적이 있지요. 그런데 방아벌레는 혼자서 자기 몸을 이용해 도로 일어날 수 있어요. 방아벌레 배에는 찰칵 소리를 내면서 채워지는 고리 같은 게 있어요. 방아벌레는 등이 바닥에 닿았을 때 이 고리를 재빨리 풀어 놓아요. 그럼 방아벌레는 30센티미터 높이까지 폴짝 뛰어오를 수 있고 결국 몸을 바로잡아 자기 다리로 바로 설 수 있어요. 이렇게 높이 뛰어오르는 모습이 마치 방아를 찧는 것과 비슷하다고 해서 방아벌레라는 이름이 붙었답니다. 이제 여러분도 방아벌레가 왜 방아벌레인지 알겠죠?

### 폭탄먼지벌레

폭탄먼지벌레는 불빛을 내지도 않고 높이 뛰지도 않아요. 그 대신 적을 물리치는 아주 기발한 방법이 있답니다. 폭탄먼지벌레 꽁무니에 폭발을 일으킬 수 있는 장치가 있어요. 그게 폭발할 때면 뜨겁고 고약한 냄새가 나는 자극적인 액체가 흘러나와요. 폭발음은 그리 크지 않아서 나지막한 방귀 소리처럼 들리지요. 혹시라도 개구리 같은 천적이 폭탄먼지벌레를 삼키면 그 입 안에서 폭탄을 발사해 버려요. 그때 나오는 물질은 100℃가 넘기도 해요. 개구리는 깜짝 놀라서 폭탄먼지벌레를 다시 뱉어 내지요. 어찌나 아팠는지 다음부터는 그냥 다른 곤충을 먹고 말아요.

# 아기 동물은 작아요

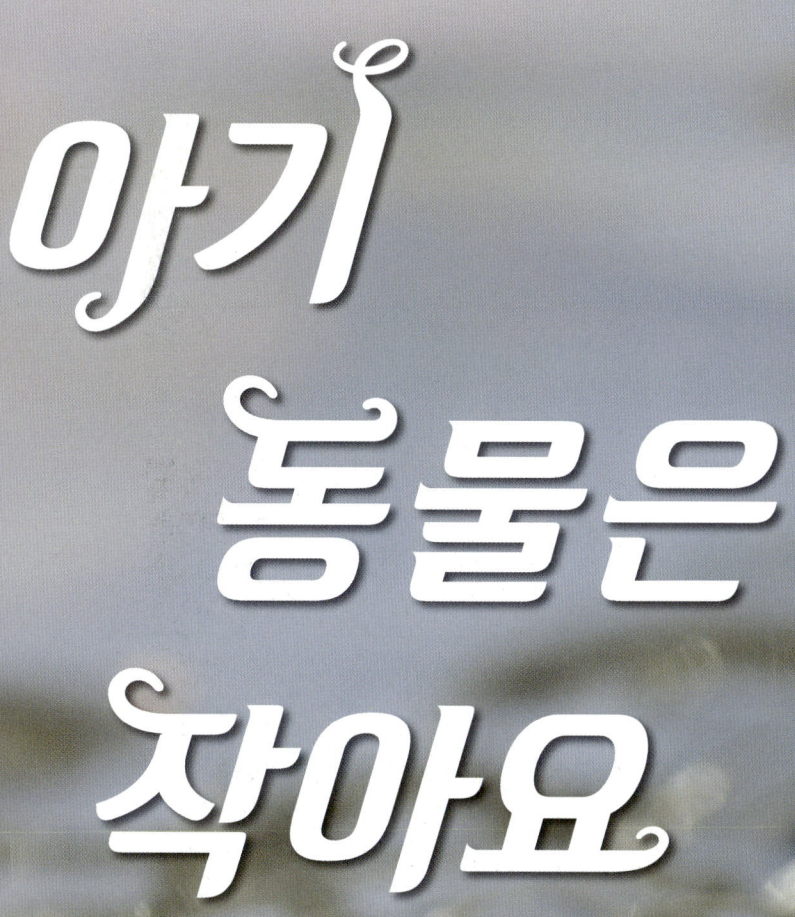

아기 동물은 대부분 알에서 나와요. 곤충, 새, 개구리…… 모두 작은 공 같은 알에서 발달하지요. 엄마한테는 아기를 배 속에 품고 다니는 것보다 알을 낳는 것이 더 쉬워서 이런 아기 동물은 형제자매가 많아요. 포유류는 대개 아기를 더 적게 낳지만 더 오랫동안 돌봐 주지요.

# 시원하고 촉촉해요 – 양서류의 아기방

개구리와 두꺼비는 알을 낳아요. 알이 젤리처럼 흐물흐물하고 금방 말라 버리기 때문에 엄마, 아빠는 짝짓기 할 때가 되면 물속에 들어가요.

산파개구리 수컷은 올챙이가 알에서 나올 때까지 알을 자기 몸에 딱 붙이고 다니며 보호해요.

개구리와 두꺼비는 짝짓기를 하는 동안 벌써 알을 낳아요. 양서류는 성질이 무척이나 급한가 봐요! 개구리와 두꺼비의 알은 쉽게 구분할 수 있어요. 개구리알들이 커다란 덩어리로 모여 있는 반면 두꺼비알들은 긴 끈 같은 것으로 이어져 있지요. 양서류의 알은 삼월쯤, 햇볕에 쉽게 데워지는 연못 가장자리 얕은 물속에서 쉽게 발견할 수 있어요.

개구리알은 껍질이 투명해서 그 안에 있는 올챙이가 얼마나 자랐는지 볼 수 있어요. 처음에는 검은 점처럼 생겼지만, 며칠이 지나면 쭉 자라나서 작은 물고기 모양이 돼요. 그러다가 알이 너무 비좁아지면 점액질층을 통해 밖으로 비집고 나와요. 산파개구리는 조금 달라요. 아빠는 낯선 동물이 알을 먹지 못하도록 알을 이은 줄을 뒷다리에 감고 다니며 지키지요. 부모와 자식들이 언젠가 다시 만날 수도 있어요. 개구리와 두꺼비는 언제나 자기가 알에서 나온 연못으로 되돌아오니까요. 자식이 부모를 알아보는지는 아쉽게도 말해 줄 수 없어요. 아직 연구가 안 됐거든요.

불도롱뇽은 개구리랑 친척이지만 다른 점이 많아요. 새끼 불도롱뇽은 사람처럼 어미 배 속에서 발달해요. 어미는 아홉 달 가까이 새끼를 품고 다니는데, 그것도 사람이랑 비슷해요. 하지만 불도롱뇽의 새끼는 개구리처럼 물속에서 태어난답니다. 새끼를 낳을 때가 되면 어미는 물고기가 없는

## Quiz 퀴즈

**세상에서 가장 큰 도롱뇽은 몸길이가 얼마나 될까요?**

- 20센티미터
- 50센티미터
- 150센티미터

정답: 새상에서 가장 큰 도롱뇽은 중국에 사는 장수도롱이예요. 몸길이 150센티미터, 무게는 30킬로그램에 이르지요.

### 함께 해 봐요!

도마뱀은 정원에서도 곧잘 살아간답니다. 몸을 숨길 수 있는 자그마한 돌이나 나무 무더기만 있으면 되지요. 그렇지 않으면 고양이한테 먹혀 버릴 수 있으니까요. 이런 무더기를 만들기란 그리 어렵지 않아요. 모든 걸 그냥 뒤죽박죽 쌓아 올리기만 하면 돼요. 돌무더기나 나무 무더기가 일단 완성됐으면 절대 바꾸지 마세요. 그 속에 도마뱀을 비롯한 다른 동물이 이미 살고 있을지 몰라요.

산속의 시냇물을 찾아가요. 자기가 낳은 새끼가 잡아먹히는 걸 원치 않으니까요. 불도롱뇽이 시냇물에서 아기를 낳는 과정은 며칠 걸리는데, 30마리까지 낳을 수 있어요. 불도롱뇽 새끼는 아직 부모처럼 검은색, 노란색이 뒤섞이진 않았지만 태어나자마자 스스로 알아서 자신을 챙길 수 있어요. 불도롱뇽 새끼는 작은 갑각류를 잡아먹지요.

도롱뇽 유생은 입이 아니라 머리 뒤에 있는 겉아가미로 숨을 쉬어요.

모양만 보면 불도롱뇽이 떠오르지만 사실은 파충류인 동물이 있어요. 바로 도마뱀이지요. 도마뱀은 개구리, 두꺼비, 도롱뇽 같은 양서류와 달리 파충류예요. 육지에 살고 알도 육지에 낳아요. 도마뱀 알은 작은 새알처럼 생겼어요. 껍질이 하얗지요. 하지만 도마뱀은 새와는 달리 몸이 너무 차가워서 알을 품을 수 없어요. 변온 동물인 도마뱀은 체온을 조절할 능력이 없어서 주위에 있는 것들이 다 따뜻할 때만 몸이 데워져요. 그래서 어미 도마뱀은 햇볕이 잘 드는 자리에 알을 낳아요. 바닥이 데워지면 두 달 뒤에 아기 도마뱀이 알을 깨고 나와요.

어떤 도마뱀은 알을 따뜻하게 유지하기 위해 다른 방법을 써요. 알이 부화하기 바로 전까지 아주 오랫동안 알을 배 속에 넣고 다니면서 항상 햇볕이 잘 드는 따뜻한 자리에 눕는 거예요. 이렇게 하면 새끼 도마뱀이 잘 자랄 수 있어요. 이 도마뱀을 태생 도마뱀이라고 해요. 태생 도마뱀은 이런 방법으로 라플란드처럼 추운 지역에서 살면서도 새끼를 낳을 수 있지요. 새끼 도마뱀들은 태어날 때 부드러운 껍질에 싸여 있지만 금방 이 껍질을 빠져나와요. 그렇지만 빠져나온 다음이 중요해요. 무척 조심해야 해요. 어미는 알에서 빠져나온 자기 새끼를 알아보지 못하고 앞에 있는 그 작은 동물이 먹이라고 생각하거든요.

# 이토록 많은 형제자매들!
# 곤충들의 유치원

곤충의 아기인 애벌레는 대부분 부모 없이 세상에 태어나요.
하지만 오롯이 혼자는 아니에요. 대개 형제자매들이 아주 많거든요.

애벌레가 알에서 빠져나올 때면 부모는 벌써 오래전에 다른 데로 가고 없어요. 그렇다고 해서 부모가 아기를 전혀 보살피지 않았다는 뜻은 아니에요. 어미 곤충들은 어디에 알을 낳을지 아주 세심하게 고르거든요. 애벌레가 알에서 빠져나오면 당장 먹을 게 충분하도록요. 독이 있는지 없는지도 살피죠. 어떤 식물에 독이 있는지 없는지 애벌레 옆에서 가르쳐 줄 수 없으니까요. 그래서 엄마 나비는 잎사귀를 총총총 밟으며 미리 다 확인해요. 나비는 이게 알을 낳기에 적정한 식물인지 아닌지 더듬이와 다리로 냄새를 맡을 수 있거든요. 그렇게 해서 확신이 들면 그다음에야 잎 위에 알을 낳아요. 자그마한 애벌레가 알에서 나오면 바로 그 자리에 애벌레가 가장 좋아하는 야생 당근 같은 음식이 자라고 있지요.

나비는 들꽃이 핀 들판이 필요해요.

혹 파릿과와 혹벌과의 곤충은 식물의 줄기나 잎사귀에 알을 낳아요. 그러면 잎은 곧 그 주변에 조그마한 덩어리를 만들기 시작하지요. 이 덩어리를 벌레혹이라고 불러요. 벌레혹은 고추처럼 길쭉할 수도 있고 실뭉치처럼 동그랄 수도 있어요. 벌레혹 안에는 애벌레가 한 마리씩 살아요. 그러니까 모든 벌레혹 안에

## 따라 해 보세요!

산호랑나비가 좋아하는 야생 당근은 여름이면 길 가장자리 어디서나 눈에 띄어요. 작고 하얀 꽃들이 모여서 꽃대를 이루어요. 그 한가운데 진빨강 꽃이 딱 하나 피어나는 꽃대가 있는데, 이 식물의 뿌리를 깨끗하게 씻어서 맛을 보세요. 나무토막처럼 딱딱하지만, 당근 맛이 분명하게 날 거예요.

이 커다란 벌레혹에는 작은 애벌레가 살고 있어요.

외동아이가 자라는 셈이지요. 이곳은 새로부터 안전해요. 애벌레는 혹의 속을 조금씩 갉아 먹으며 자라나다가 번데기가 되어요. 변신을 마무리하고 어른벌레가 되어 혹을 빠져나올 때에는 벌레혹의 벽을 먹어 치우며 작은 구멍을 낸답니다. 벌레혹을 잘 살펴보면 거기 누가 아직 살고 있는지, 아닌지 알아낼 수 있어요. 혹에 구멍이 없다면 누군가 살고 있는 거예요.

### 다리를 세어 봐요

거미와 곤충을 구분할 수 있나요? 거미와 곤충은 생각보다 쉽게 구분할 수 있어요. 곤충은 다리가 여섯 개고 더듬이가 있으며 대개 날개도 있지요. 거미는 다리가 여덟 개고 더듬이랑 날개가 없어요. 몸의 다른 부분도 조금 다르답니다. 곤충의 몸은 머리, 가슴, 배, 이렇게 세 부분으로 나뉘어 있지만 거미의 몸은 머리가슴과 배, 두 부분으로 이루어져 있지요.

맵시벌한테는 아주 특이한 방법이 있어요. 맵시벌은 다른 곤충의 애벌레 속에 알을 낳아요. 그러니까 다른 애벌레가 아주 작은 맵시벌 애벌레를 잘 지켜 주는 셈이지요. 그런데 맵시벌 애벌레는 고마운 줄도 모르는지 그 낯선 애벌레를 속에서부터 천천히 먹어 치워 버려요. 세상에, 듣기만 해도 끔찍하지요? 하지만 다른 애벌레 속에 알을 낳는 것은 무척 위험한 일이랍니다. 새가 큰 애벌레를 잡아먹을 때면 작은 맵시벌 애벌레도 통째로 같이 삼킬 테니까요.

아기들을 아주 잘 돌봐 주는 곤충도 있어요. 벌과 개미는 애벌레를 먹이고 따뜻하게 해 주고 적으로부터 지켜 주어요. 애벌레는 마치 유치원에서처럼 무럭무럭 자란답니다. 이 애벌레들의 엄마인 여왕벌이나 여왕개미는 알을 낳느라 너무 바빠서 애벌레들을 돌볼 시간이 없어요. 그 대신 일벌이나 일개미가 애벌레들이 어른벌레가 될 때까지 잘 돌봐 주지요.

늑대거미 어미는 특이하게도 알에서 깬 새끼들을 등 위에 올려놓고 다닌답니다.

거미는 곤충은 아니지만 곤충이랑 아주 많이 닮았어요. 거미도 잎사귀 위에 알을 낳지만, 아무런 보호 장치도 없이 그냥 무턱대고 낳지는 않아요. 거미는 자기 알이 다른 동물에게 금방 잡아먹히지 않도록 고치로 둘러싼답니다. 거미가 거미줄로 만든 자그마한 공 같은 고치는 마치 솜뭉치처럼 보여요. 거미들은 이 고치를 나무껍질 아래 같은 데 잘 숨겨 놓는가 하면 꽁무니에 달고 다니면서 계속 돌봐요. 고치에서 나온 새끼를 등에 업고 돌아다니는 거미도 있답니다. 아기가 백 마리가 넘으면 여간 힘든 일이 아니겠지요?

# 포근하고 아늑한 집 - 둥지 속 아기 새들

새들은 알을 낳아요. 이 알은 어미의 몸에 비해 아주 크지요. 그런데 왜 새들은 송아지나 강아지처럼 어미 배 속에서 다 자라서 나오지 않고 알로 태어나는 걸까요?

새들은 대부분 새끼를 네 마리에서 다섯 마리까지, 한꺼번에 많이 낳아서 키우고 싶어 하거든요. 만약 새들이 포유류처럼 엄마 배 속에서 다 자란 뒤 태어난다면 어떨까요? 태어나기 전에 모두 어미의 배 속에 들어 있어야 할 텐데, 형제자매가 많으면 그 자리가 너무 좁아서 아주 조그맣게 태어날 수밖에 없겠지요. 그래서 어미 새가 알을 낳는 거예요. 그 알 하나하나가 꽤 크기 때문에 알을 한꺼번에 낳지 않고, 며칠 간격을 두고 하나씩 차례차례 낳아요. 마지막 알까지 다 낳은 다음에야 부모 새는 비로소 알을 품기 시작하지요. 새끼도 그제야 껍데기 속에서 자라기 시작하고요. 어미가 알을 한꺼번에 품는 건 새끼들이 거의 비슷하게 깨어 나오게 하기 위해서예요. 안 그러면 먼저 나온 어린 새가 먹이를 독차지할 테니까요! 모든 알을 한꺼번에 품기 때문에 새끼들은 금방 알을 깨고 세상에 나와요. 새 가족에게는 크고 힘센 아이들이 생기고 그 아이들은 금방 어른이 되지요.

"내가 맏이야!" 다른 새끼가 아직 알 속에 있을 때는 처음으로 알을 깨고 나온 새끼가 부모가 가져오는 먹이를 다 차지해요.

## 함께 해 봐요!

부모는 둥지 속에 새끼들이 있을 자리가 충분하게끔 새끼가 나온 빈 알껍데기를 둥지 바깥으로 내던져 버려요. 이 껍데기를 모아서 어떤 새의 알인지 인터넷에서 찾아볼 수 있어요. 그렇게 하면 가까운 곳에서 어떤 새가 새끼를 키우고 있는지 알 수 있지요. 대륙검은지빠귀알은 특히 아름다워요. 작은 반점이 있는 파란색이지요.

**새**끼가 알에서 나오게 하려면 언제나 알을 따뜻하게 해 줘야 해요. 둥지에는 난방 장치가 없기 때문에 보통은 부모 새가 번갈아 알 위에 앉아 몸으로 데워 준답니다. 알 속의 새끼가 껍데기에 들러붙지 않도록 주기적으로 알을 이리저리 굴려 주지요. 새들은 대개 2주에서 4주 정도 알을 품어요.

**어떤 새가 알을 가장 많이 낳을까요?**

🍃 자고   🍃 지빠귀
🍃 수리

정답: 새까를 가장 많이 낳은 새는 자고예요. 그림을 180도 돌려서 읽어봐요. 자고는 한 번에 알을 20개까지 낳아요. 이만큼 많은 알을 품을 수 있으려면 몸집이 아주 커야 해요.

**새**끼는 태어나기 바로 전에 알 속에서 짹짹거리기 시작해요. 자기한테 대답해 달라고 엄마 아빠를 부르는 거예요. 새들은 태어나기 전에 이미 이렇게 서로를 알게 된답니다. 나중에 알에서 나와서도 아기 새와 부모 새는 무엇보다 소리를 통해서 서로 알아봐요. 이건 특히 커다란 무리 속에서 알을 품는 새들에게 무척 중요한 일이에요. 큰 무리를 이루고 사는 펭귄만 해도 그렇답니다. 무리 속에는 새끼 펭귄이 수십만 마리나 있지요. 부모가 먹이를 찾으러 바다로 나갔다가 육지에 올라와 새끼 펭귄을 찾아가려면 너무 혼잡하겠지요? 수많은 새끼 중 자신의 새끼를 눈으로 찾아내기는 어려워요. 부모 펭귄과 새끼 펭귄은 오로지 부르는 소리로만 다시 만날 수 있답니다.

**알**에서 빠져나오는 것은 새끼에게 무척이나 힘든 일이에요. 스스로 껍데기를 쪼아서 알에 구멍을 낸 다음 그 사이로 기어 나와야 하지요. 껍데기를 깰 수 있게끔 새끼의 부리 위에 아주 딱딱한, 자그마한 이빨 같은 게 있어요. 이 이빨은 곧 빠진답니다.

**새**끼가 마침내 알에서 빠져나오면 무척이나 지쳐 있어요. 아직 알몸인 데다 젖어 있기 때문에 금방 차가워져요. 그래서 부모는 한동안 새끼들을 따뜻하게 해 줘요. 어떤 새들은 병아리처럼 처음부터 자잘한 깃털이 나 있어요. 이 깃털은 폭신폭신하고 깃털이라기보다는 그냥 털처럼 보이는데 금방 자라요. 새끼는 그 솜털로 아직 날아다닐 수는 없어요. 설사 그 솜털로 날아다닌다고 해도 어차피 너무 위험할 거예요. 새끼는 처음 며칠 동안 눈을 미처 뜨지 못해서 아무것도 보지 못하거든요.

**새**끼는 금방 자라나 온전한 깃털이 생겨요. 새끼들은 대부분 3주 동안 자라면 날 수 있어요. 그럼 보통 둥지를 떠나지만, 며칠 동안 근처에 더 머물기도 해요. 이때 부모는 가끔 새끼들에게 먹이를 주지요. 새들은 사람을 별로 꺼리지 않아서 가까이에서 그들을 조심스럽게 관찰할 수도 있어요. 그렇다고 새끼를 잡아서 데리고 오면 안 돼요. 그럼 부모가 새끼를 찾지 못할 테니까요.

이 인공 새집은 나무에 잘못 걸려 있어요. 햇볕을 받으면 무척 뜨거워질 거예요. 이런 새집을 나무에 걸 때는 구멍이 북쪽을 향하게끔 하는 게 가장 좋아요.

# 아무 힘도 없지만 보호받아요 - 어린 포유류

포유류는 우리랑 아주 비슷해요. 우리랑 가까운 친척이지요.

포유류는 새끼에게 먹이는 젖이 배나 뒷다리 사이에 있어요. 멧돼지나 소처럼요.

'포유류'라는 말에서 '포유'는 어미가 젖을 먹여 새끼를 기른다는 뜻이에요. 포유류 새끼들은 모두 어미의 젖을 먹어요. 원숭이나 고래 같은 포유류의 새끼들은 사람처럼 어미의 가슴에서 젖을 빨아 먹을 수도 있어요. 포유류 새끼들은 엄마의 배 속에서 자라요. 이런 성장 과정은 새나 곤충처럼 알에서 자라나는 동물보다 훨씬 더 오래 걸려요. 그래서 포유류는 대개 가을이나 겨울에 짝짓기를 해요. 새끼는 몇 달이 지나서 먹을 게 많은 봄에 세상에 태어나지요. 어미의 젖이 충분히 나오려면 잘 먹어야 하니까요.

그런데 노루는 여름에 짝짓기를 해요. 그러면 새끼는 겨울이 시작할 즈음 태어나게 되지요. 겨울에는 날씨가 너무 추울뿐더러 먹을 만한 것도 거의 없는데요. 걱정 마요. 노루는 특이한 재능을 발휘한답니다. 짝짓기 후 만들어진 수정란이 몇 개월 동안 발달하지 않다가 추운 12월에야 어미 배 속에서 발달하기 시작하는 거예요. 그러면 배 속의 노루 새끼는 다음 해 오월이나 유월에 세상에 태어날 수 있어요. 오뉴월에는 날씨가 따뜻하고 들판에 싱싱한 풀이 많지요.

## Quiz 퀴즈

아기가 엄마 배 속에서 발달하는 기간을 임신 기간이라고 해요. 임신 기간이 가장 긴 동물은 무엇일까요?

🍃 쥐   🍃 코끼리   🍃 고래

정답: 코끼리. 코끼리 임신 기간은 약 22개월로 동물들 중 가장 길어요.

왜 인간을 비롯한 포유류는 그냥 알을 낳지 않을까요? 그건 자라나는 새끼를 보호하기 위해서지요. 대부분의 포유류 새끼는 오랜 시간에 걸쳐 성장하거든요. 만약 포유류가 알을 그냥 둥지에 낳아 버리면 새끼는 너무 오랫동안 위험에 처하게 되지요. 곤충의 알이나 새알만 봐도 담비 같은 동물들이 찾아서 냉큼 먹어 버리곤 하잖아요. 포유류 새끼한테는 엄마의 배 속이 훨씬 더 안전해요.

그렇지만 아기들이 엄마 배 속에서 오래 자라는 것에도 단점이 있어요. 멧돼지를 예로 들어 볼까요? 엄마 멧돼지는 배 속의 새끼가 커질수록 점점 더 뚱뚱하고 무거워져서 빨리 달릴 수가 없어요. 당연히 천적에게 더 쉽게 잡아먹히겠죠. 새끼가 갓 태어났을 때는 더더욱 위험해져요. 이 시기에 엄마는 도망칠 수 없거든요. 그래서 늑대나 곰에게 보이지 않도록 덤불 속에 몸을 숨기지요.

새끼는 태어나면 맨 먼저 어미의 젖을 먹을 수 있어요. 처음 며칠 동안은 눈이 안 보이는 경우가 많고 할 수 있는 것도 없어서 잠만 많이 자요. 아직 빨리 달리지도 못해서 부모가 먹을 것을 찾으러 다닐 동안 집에 남아 있을 때가 많아요. 늑대는 친척 아저씨나 아줌마가 새끼를 돌봐 주지만, 노루와 사슴은 그냥 새끼만 덩그러니 놔둬요. 하지만 아기 노루나 사슴은 냄새가 거의 나지 않고 털에 얼룩이 있어서 풀이나 덤불 속에 숨어 있으면 거의 눈에 띄지 않지요.

말처럼 드넓은 초원에서 사는 동물은 세상에 갓 태어난 새끼도 몇 시간만 지나면 부모랑 같이 달릴 수 있어요. 말이나 들소는 무리를 지어 살기 때문에 이건 아주 중요한 특성이랍니다. 무리는 뒤처진 친구를 오래 기다리지 않거든요. 어린 동물들은 무리 속에 남아 있어야 좀 더 안전하지요. 어른들 사이에서 보호받으면서 맹수에게서 도망칠 수 있으니까요. 그래서 어미는 새끼를 낳은 다음 할 수 있는 한 서둘러서 무리에게 되돌아가려고 한답니다.

## 동물·정보

### 오리너구리

포유류지만 보통의 포유류와 아주 다른 동물이 있어요. 바로 오리너구리예요. 오리너구리는 오스트레일리아에서 사는데 마치 비버와 오리를 합쳐 놓은 것처럼 생겼어요. 생긴 것만 오리를 닮은 게 아니에요. 오리너구리는 알을 낳아 부화시켜요. 새끼가 알을 깨고 나오면 젖을 먹이지요.

망아지는 태어난 지 15분만 지나면 벌써 스스로 일어설 수 있고 조금 더 지나면 달릴 수도 있어요.

# 아기 동물은 어떻게 자랄까요?

모든 동물이 가족과 함께 살지는 않아요. 곤충은 어른벌레가 없는 애벌레들만의 유치원에서 편안하다고 느껴요. 바다표범은 사교적이지만 서로 적절한 거리를 지켜요. 늑대는 우리랑 아주 비슷해요. 모두 함께 머물고 몸을 꼭 맞대는 걸 좋아해요. 그리고 평생토록 서로 돕고 살지요.

# 부모가 없어도 외롭지 않아요

물고기는 무리를 이루고 사는 경우가 많아요. 그렇지만 대부분 가족이랑 함께 살지는 않아요. 어미는 시냇물 자갈 속 조그만 구덩이에 알을 낳고는 그곳에 머물지 않고 계속 헤엄쳐 간답니다.

햇볕 좋은 여름날, 물가에 가면 물고기 유치원을 볼 수 있어요.

**심**지어 연어 같은 물고기들은 알을 낳은 다음 죽어 버려서 새끼들은 이미 고아인 채로 알에서 나와요. 어린 물고기들한테 세상은 너무나 위험해요. 큰 물고기는 언제나 어린 물고기를 잡아먹으려고 하거든요. 그래서 어린 물고기들은 바닷가 얕은 물속에서 헤엄쳐 다녀요. 큰 물고기가 거기까지 따라올 수 없으니까요. 어린 물고기들은 그곳에서 작은 무리를 만들지요.

**그**러니까 어린 물고기는 혼자가 아니고 외롭다고 느끼지도 않아요. 부모가 없으니까 그냥 서로서로 돌봐 준답니다. 어린 물고기는 왜 무리를 지을까요? 어린 물고기들이 함께 헤엄치고 있으면 큰 물고기가 그 가운데 한 마리를 잡기가 그리 쉽지 않아요. 대체 어떤 물고기를 잡아야 할까? 여기 이 물고기? 저기 저 물고기? 어린 물고기 떼는 끊임없이 이리저리 움직이고 햇빛에 반짝거리며 포식자를 혼란스럽게 만들지요. 큰 물고기가 무리 지어 사는 어린 물고기를 잡는 일이 아주 드물고, 그래서 그 무리 가운데 많은 수가 무사히 자란답니다. 물고기는 어른이 되어서도 무리를 이루는 일이 많아요. 적어도 공간이 충분한 곳에서는요. 바다에 사는 청어는 거대한 무리를 이루는데, 무리의 모든 물고기가 같은 방향으로 헤엄치지요. 그러니까 물고기는 가족이 없는 대신 함께 지내는 친구가 많은 셈이에요.

**모**기랑 물고기는 공통점이 많아요. 암컷 모기는 물속에 알을 낳아요. 되도록 자그마한 웅덩이에 알을 낳지요. 알에서 나온 애벌레들은 마치 유치원에서처럼 함께 머무는 경우가 많아요. 도롱뇽이나 물고기가 모기 애벌레인 장구벌레를 잡아먹으려고 하면 다 함께 물속에서 이리저리 마구 움찔거려요. 그럼 사냥꾼은 아주 혼란스러워하지요.

**모**기는 어른벌레가 된 다음에도 여러 물고기처럼 무리를 지어 다녀요. 많은 종의 모기들은 수컷만 떼를 지어 다니지요. 천적을 물리치기 위해서는 아니랍니다. 번식을 위해서예요. 수컷들은 무리를 이루어 구름처럼 하늘에 둥둥 떠다니면서 암컷을 유혹하는 향기를 뿜어내요. 암컷은 그 향기에 끌려 수컷 무리 속으로 날아가요. 그리고 마음에 드는 수컷과 짝짓기를 하지요. 혹시 수컷 모기 떼가 걱정되나요? 모기가 사람을 물기는 하지만 모기로 이루어진 구름은 겁낼 필요가 없어요. 수컷 모기는 사람을 물지 않거든요. 암컷만 사람을 물어요.

**딱**정벌레들은 물고기나 모기와 달리 대부분 혼자 살아요. 딱정벌레의 일종인 무당벌레의 애벌레는 나뭇잎 위에 살면서 진딧물을 잡아먹지요. 어른벌레가 되고 나서도 혼자 머무는 걸 좋아해요. 그렇지만 무당벌레도 가을에는 여럿이 함께 모인답니다. 제대로 된 무리라고는 할 수 없어요. 같이 날아다니지 않으니까요. 무당벌레들이 모이는 건 추운 계절을 함께 날 수 있는 겨울 집을 찾기 위해서예요. 안으로 비집고 들어갈 수만 있다면 어떤 집이나 창고의 갈라진 틈이라 할지라도 겨울 집이 될 수 있어요. 무당벌레는 겨울잠에서 함께 깨어나고 싶어서 서로 몸을 꼭 맞붙인답니다. 그럼 봄에 짝짓기를 할 때 상대를 찾기 위해 오랜 시간을 들일 필요가 없어요.

## 동물·정보

### 꽃등에

꽃등에는 영어로 drone fly, 즉 벌파리라고도 불러요. 이 이름은 꽃등에의 특별한 재능에서 비롯되었어요. 꽃등에는 날아다니다가 벌처럼 한자리에 둥둥 떠 있을 수 있거든요. 여름이면 오래된 활엽수림이 아주 시끄럽죠. 꽃등에 수천 마리가 동시에 붕붕거리면서 떠 있기 때문이에요. 꽃등에는 주로 오래된 너도밤나무나 떡갈나무 숲에 살아요. 꽃등에 애벌레는 속이 텅 빈 나무 속에서 성장하는데, 그런 텅 빈 나무는 특히 오래된 숲에 많거든요. 게다가 꽃등에는 두꺼운 활엽수의 상처에서 흘러나오는 즙을 좋아하지요.

꽃등에는 벌처럼 꽃에 꽃가루를 묻혀 줘요.

### Quiz 퀴즈

무당벌레의 애벌레는 번데기에서 어른벌레가 될 때까지 얼마나 많은 진딧물을 먹을까요?

🍃 50마리  🍃 500마리  🍃 5000마리

정답: 무당벌레의 애벌레가도 5000마리의 진딧물을 잡아먹을 수 있어요. 성충에 이르기까지 많은 양의 진딧물이 필요하답니다. 그래서 곧 새로 태어나지요.

# 억지로 만든 대리 부모

동물 중에는 남의 아이를 기르는 동물들이 있어요. 다람쥐 같은 경우에는 삼촌이나 이모뻘 되는 친척이 길러 주기도 한답니다.

다람쥐는 어른이 되면 자신의 형제자매와 그렇게 친하게 지내지 않아요. 그래도 혹시라도 형제자매가 멀리서 자신을 부르지 않는지 종종 귀를 기울이지요. 아무 소리도 들리지 않으면 모두 잘 지내고 있는지 직접 확인하러 가요. 그러다가 보라매의 습격으로 엄마, 아빠를 잃고 고아가 된 어린 다람쥐들을 발견하기도 해요. 그럼 다람쥐는 그 아이들을 입양해서 기른답니다. 어쨌든 서로 친척이잖아요.

뻐꾸기는 언제나 남의 부모 아래서 자라나요. 어미 뻐꾸기는 낯선 둥지에다 알을 낳는 습성이 있거든요. 어미 뻐꾸기한테는 작은 새들이 무서워하는 맹금인 새매나 보라매의 깃털처럼 생긴 깃털이 나 있기 때문에 작은 새들은 뻐꾸기가 둥지를 향해 날아오면 겁에 질려 부랴부랴 도망쳐요. 그럼 뻐꾸기는 마음 놓고 그 둥지 안에 알을 낳아요. 색깔도 모양도 다른 알이랑 똑같아 보이지요. 그렇게 알을 낳고는 전혀 신경을 쓰지 않아요. 뻐꾸기알을 품고 새끼를 키우는 일은 둥지를 만들었던 새가 해요. 그 새들은 새끼

뻐꾸기가 낳은 알은 어떤 것일까요? 맞아요. 아래쪽, 다른 것들보다 조금 더 큰 알이에요.

뻐꾸기보다 훨씬 더 작은 경우가 많아요. 어미 뻐꾸기가 좋아하는 대리 부모는 할미새 같은 새예요. 심지어 몸무게가 10그램도 나가지 않는, 아주 작은 굴뚝새 같은 새를 대리 부모로 고르기도 하죠. 작은 초콜릿 두 조각이 10그램 정도인데 말이에요.

둥지로 돌아온 작은 새는 계속 알을 품어요. 새끼 뻐꾸기는 대개 맨 먼저 껍데기를 깨고 나와서 다른 알들을 죄다 밖으로 내던져 버려요. 그래서 대리 부모가 점점 더 커지는 낯선 새끼를 먹여 살릴 수 있는 거죠. 새끼가 하나밖에 없으니까요. 다 자란 뻐꾸기는 대리 부모인 굴뚝새보다 몸무게가 10배에서 15배까지 더 나가요. 그러니까 초콜릿 한 판보다 더 무거운 거예요.

### 따라 해 보세요!

들판이나 숲에서 개미가 설탕물을 얼마나 좋아하는지 확인해 보세요. 물에 설탕을 조금 타서(그냥 탄산음료를 써도 좋아요.) 납작한 접시나 뚜껑에 부은 다음 그 그릇을 개미가 끊임없이 돌아다니는 개미 길 옆에 놔두세요.(설탕물이 너무 가득이면 개미가 빠져 죽을 수도 있으니 주의해요.) 몇 분 지나지 않아 첫 번째 개미가 그걸 마실 거예요. 그러고 나서 맛난 음료수가 어디 있는지 소문이 나면 점점 더 많은 개미가 그곳으로 올 거예요.

개미가 지나는 개미 길을 발견했나요? 그렇다면 개미집이 근처에 있을 거예요.

곤충들 가운데에도 뻐꾸기 같은 존재가 있어요. 고운점박이푸른부전나비예요. 푸른부전나비라고 부르지만 사실 날개는 갈색이지요. 하지만 그건 다른 얘기니까 여기서는 그냥 넘어가도록 해요. 고운점박이푸른부전나비의 애벌레는 습기가 많은 들판에서 잘 자라는 식물인 오이풀의 진홍색 꽃잎 속에 살아요. 그런데 가을에 꽃잎을 다 먹고 나면 이 애벌레는 천적의 눈에 띄기 쉬워져요. 홍개미는 애벌레를 아주 좋아한답니다. 개미 한 군락은 온갖 애벌레와 딱정벌레를 해마다 몇 킬로그램씩 먹어 치우지요. 고운점박이푸른부전나비의 애벌레는 개미한테 먹히지 않으려고 기발한 속임수를 써요. 개미가 무척이나 좋아하는, 달콤한 꿀 향기를 마구 쏟아 내는 거예요. 게다가 개미가 가장 좋아하는 음료인 꿀물까지 줄줄 흘려요. 개미는 집에서도 달콤한 음료를 마실 수 있도록 그 애벌레를 냉큼 개미굴 안으로 옮겨 놓지요. 고운점박이푸른부전나비 애벌레는 개미굴 안에서 천적을 피해 안전하게 잘 지낼 수 있어요. 뽀송뽀송하고 따뜻하게 겨울을 나는 거지요.

오이풀은 그 안에 사는 애벌레에게는 양분을, 부화한 나비에게는 꿀을 내줘요. 게다가 고운점박이푸른부전나비가 짝짓기를 할 때 서로 만나는 장소가 되기도 하죠.

그런데 이 아늑한 은신처에서 고운점박이푸른부전나비 애벌레들은 개미의 뒤통수를 쳐 버린답니다. 땅속에는 꽃잎이 없으니까 그 대신 개미의 애벌레를 먹기 시작하는 거예요. 겨우내 번데기가 되었다가 봄에 나비로 우화(*번데기가 날개 있는 어른벌레가 됨)할 때까지 고운점박이푸른부전나비 애벌레 한 마리당 개미의 애벌레를 600마리까지 먹어 치우지요. 애벌레가 우화해서 나비가 된 뒤에는 개미굴을 얼른 빠져나와야 해요. 고운점박이푸른부전나비는 개미한테 그저 맛있는 먹이일 뿐이니까요.

# 제발, 너무 달라붙지 마요

대부분의 조류와 포유류 동물들은 여름 한 철에만 새끼를 돌봐 주어요. 길어도 새끼가 태어난 뒤 첫 한 해만 돌봐 줄 뿐이에요. 그다음에는 가족이 뿔뿔이 흩어진답니다.

노루가 그래요. 새끼 노루는 태어난 직후 몇 주 동안에는 어미가 먹이를 구하는 사이 풀숲에 혼자 앉아 있어요. 몇 주가 지난 다음에야 엄마 곁에 계속 같이 머무르지요. 그때쯤이면 거의 엄마만큼이나 빨리 달릴 수 있으니까요. 이듬해 봄 다시 새끼가 태어나면 지난해에 태어난 언니, 오빠 들은 엄마 곁을 떠나야 해요. 그것도 전혀 나쁘지 않아요. 이제 어른이라 제 앞가림 정도는 할 수 있으니까요. 엄마는 적당한 때가 되면 언니, 오빠 들을 쫓아낸답니다. 노루는 단독 생활 동물이에요. 어른이 되면 혼자 산다는 뜻이에요. 적어도 봄에서 가을까지는 말이에요. 혹시 다른 노루가 주위에 머무르면 얼른 쫓아내 버려요.

새끼 노루 털에 있는 얼룩이 마치 햇빛이 풀에 비칠 때 생기는 무늬 같아 보여요. 위장이 잘돼 있지요?

노루도 겨울에는 작은 무리를 만들어요. 꼭 친척끼리 모이는 게 아니고, 심지어 서로 친하지도 않은데 함께 모이기도 해요. 겨울에는 영역을 지키겠다고 싸우고 싶지 않아서 그런 거예요. 서로 싸우다 보면 힘이 많이 들고 자연히 배도 더 많이 고프게 마련이거든요. 차라리 사이좋게 지내면서 서로 도와주지요. 친구가 아니라도 이렇게 무리를 지으면 큰 장점이 있어요. 포식 동물이 가까이 다가오면 혼자서 지낼 때보다 더 빨리 눈치를 챌 수 있답니다. 노루도 뭔가 먹어야 하는데, 풀잎이나 꽃봉오리를 뜯어 먹으려면 그 식물을 향해 고개를 숙여야만 하잖아요. 이렇게 고개를 숙인 채로는 천적이 다가오는지 주위를 둘러볼 수가 없지요. 그래서 노루 여러 마리가 모여 있을 때 그 가운데 한 마리는 언제나 고개를 꼿꼿이 들고 있어요. 그러면 다른 노루들은 안전하고 편안하게 풀을 뜯어 먹을 수 있어요. 다들 배불리 먹을 수 있도록 번갈아 보초를 서지요.

**바**다표범도 거의 비슷해요. 무리를 지어 사는 것을 좋아하면서도 서로 몸을 바싹 맞대고 있지는 않아요. 새끼도 어미 곁에 고작 5주쯤 머물지요. 바다표범은 물속에서는 안전하다고 느끼지만 육지에서는 그러지 못해요. 육지에서는 느릿느릿 움직일 수 있을 뿐이니까요. 바다표범은 얼른 물속에 되돌아갈 수 있게 주로 물가에 누워 있는데, 서로 돌봐 준다면 더 좋으니까 모래톱에 함께 누워 있어요. 그러면서도 서로 적당한 거리를 지키려고 애써요. 바다표범은 서로 아주 좋아하지도 않지만 그렇다고 혼자 있는 것을 좋아하지도 않지요.

**까**마귀 부모는 노루와 달리 평생토록 함께 살아요. 새끼는 자라서 어른이 되면 가족을 떠나요. 그리고 젊은 까마귀들끼리 커다란 무리를 이루어서 드넓은 세상으로 나가요. 그러니까 까마귀는 여럿이 함께 살아요. 다만 가족이 아니라 친구랑 함께 사는 거지요.

**다**람쥐는 몸을 바짝 맞대는 것을 좋아하지만 대개 혼자 살아요. 갓 새끼를 낳은 어미만 자기 아이들이랑 같이 살지요. 새끼 다람쥐들은 훨씬 더 일찍 제 앞가림을 할 수 있지만 그래도 거의 일 년 동안 엄마 곁에 머물러요. 어른이 되면 길이 갈라지지요. 그러니까 다람쥐에게는 오래도록 같이 사는 가족이란 없는 거예요. 때로는 다람쥐 몇 마리가 함께 모이기도 해요. 같은 보금자리, 그러니까 다람쥐 굴을 나눠 쓰려고요. 다람쥐는 제대로 된 단독 생활 동물이라고 할 수 없어요.

## 동물·정보

### 쇠족제비

쇠족제비는 세상에서 가장 작은 육식 동물이에요. 쥐구멍에 아무 문제 없이 쏙 들어갈 수 있을 만큼 작지요. 그래서 땅 밑에서도 먹잇감인 쥐를 잡을 수 있어요. 쇠족제비는 비록 몸이 작지만 그 활동 영역이 아주 넓답니다. 쇠족제비 한 마리가 필요로 하는 면적은 거의 1.5제곱킬로미터에 이르지요.

**퀴즈**

**누가 이렇게 갉았을까요?**

🍃 쥐   🍃 다람쥐   🍃 딱따구리

정답: 다람쥐. 다람쥐는 먹이인 씨앗을 얻으려고 솔방울 등을 갉아서 쏠아 놓아요. "쥐"나 "다람쥐"는 갉을 때 이빨 자국을 남기지만, 딱따구리는 그 부리로 솔방울 따위를 쪼아서 벌려요.

# 영원히 함께

늑대 가족은 사람들처럼 함께 살아가요. 가족끼리 평생 함께 머무르지요. 아니, 잠깐만요! 사람은 가족이라도 종종 멀리 떨어져서 살기도 하잖아요?

엄마 사슴이 새끼들과 함께 있어요. 사진 왼쪽의 어린 암컷은 무엇을 봤는지 불안해하네요.

**여**러분한테도 기차나 자동차를 타고 멀리 가야만 만날 수 있는 이모나 고모, 삼촌이 있나요? 때때로 다 함께 만나서 얼굴을 보니까 친척도 넓은 의미에서는 가족이지요. 늑대는 우리랑 조금 달라요. 친척을 포함한 대가족이 다 함께 가까이 살고 싶어서 한 장소에 모여 있답니다. 이 대가족 무리는 일을 나눠서 하고 사냥도 도와서 해요. 그러다 늙어서 힘이 없어져도 무리를 떠나지 않고 다른 늑대의 도움을 받으며 살아가지요. 늑대한테는 유치원 같은 것도 있어요. 부모가 멀리 사냥하러 나가면 아이들만 늑대 굴 근처에 남는데 그럼 다른 친척 어른이 부모 대신 돌봐 주어요.

**새**끼 사슴도 1년 넘게 엄마 곁에 머무른답니다. 엄마 사슴은 다른 암컷들과 함께 커다란 무리를 이루어서 살아요. 그러는 편이 안전하다고 느끼니까요. 경험이 특히 많은 암컷은 포식 동물이 가까이 오지 않는지 늘 주의를 기울이지요. 그럼 다른 사슴들은 편안하게 풀을 뜯어 먹을 수 있어요.

## 따라 해 보세요!

오래된 고목 아래나 산길에서 발견되는 맹금의 토사물이에요. 맹금은 육식을 하는 매, 수리, 올빼미 같은 사나운 새를 말해요. 맹금은 먹이를 먹은 다음 소화할 수 없는 것은 모두 도로 토해 낸답니다. 그렇게 토해 놓은 작은 덩어리 속에는 그 새가 잡아먹은 동물의 뼈와 털이 들어 있어요. 그걸 젓가락으로 헤쳐 보세요. 대개 쥐의 두개골이 보일 거예요. 맹금은 주로 쥐를 잡아먹으니까요.

**엄**마 사슴이 다시 새끼를 낳을 때 지난해에 태어난 언니, 오빠 들은 약간 떨어져 있어야 해요. 엄마가 동생을 낳느라고 꼼짝 못 할 때 다른 포식 동물의 주의를 끌면 안 되니까요. 엄마가 동생을 다 낳을 때까지 주위에서 기다리다가 다시 합친답니다. 새끼 수컷은 나이가 들면 가족을 떠나서 자기들끼리 무리를 만들지요.

**포**유류는 대부분 가족을 이루어 함께 사는 것을 좋아해요. 돌고래는 가족이 함께 사냥을 하고 어린 새끼를 같이 키우기도 해요. 소는 가족이랑 사는 게 가장 좋다고 생각해서 무리 지어 살지요. 쥐도 대개 혼자 다니지 않아요. 들쥐만 해도 서로 어울리는 걸 좋아해요. 가족과 함께 살거나 큰 집단을 이루어 같이 살아요. 암컷은 심지어 남의 새끼도 자기 젖을 먹이며 돌본답니다.

**여**우도 가족끼리 함께 살지만, 우리는 그 사실을 거의 알아챌 수 없어요. 여우는 영역이 아주 넓어서 혼자 돌아다닐 때가 많기 때문이에요. 하지만 여우도 늑대랑 비슷하게 무리를 만들어 같이 살아요. 사람들은 여우가 혼자 다니는 모습을 주로 보았기 때문에 오랫동안 여우가 혼자 사는 단독 생활 동물이라고 생각했어요. 사실 여우는 그저 서로 적절한 거리를 두고 그리 자주 만나지 않을 뿐이랍니다.

**멧**돼지도 가족끼리 살아요. 하지만 아빠 없이 엄마와 엄마가 낳은 아이들만 제대로 함께 살지요. 새끼들 중 수컷은 다 자라자마자 혼자 길을 떠나요. 새끼들 중 암컷은 일단 가족과 함께 지내지만 언젠가는 자기 영역을 찾아간답니다. 가족이라면 오래 함께 살아야 하는데 멧돼지는 그러지 않으니 진짜 가족이 아닐까요? 확실하게 대답할 수는 없어요. 하지만 멧돼지한테는 다른 동물한테 없는 아주 특별한 능력이 있답니다. 심지어 다른 포유류한테도 없는 능력이지요. 어른이 된 새끼랑 어미가 다시 만나면 오랜 시간이 지났어도 서로 알아보는 거예요. 멧돼지는 낯선 멧돼지가 자기 영역에 들어오면 싸워서 쫓아내지만, 가족끼리는 절대 그러지 않아요.

## 동물·정보

### 비버

비버는 큰 설치류 동물이에요. 대표적인 설치류로는 쥐가 있지요. 비버는 이빨이 어찌나 단단한지 커다란 나무도 갉아서 쓰러뜨릴 수 있어요. 나무를 넘어뜨려서 나무 위쪽에 있는 잎사귀나 가지의 나무 껍질을 즐겨 먹어요. 비버는 나뭇가지로 물속에 커다란 언덕을 만들어서 그 안에 살아요. 그리고 다른 동물이 함부로 들어 오지 못하도록 나뭇가지를 댐처럼 쌓아서 시냇물이나 강물을 거대한 저수지로 만들어 버린답니다. 마치 나뭇가지 벽으로 둘러싸인 성처럼. 성으로 들어가는 입구도 물속에 있으니 잠수를 잘하는 비버만 집에 들락날락할 수 있지요. 다른 동물은 함부로 들어오지 못해요. 비버는 그 안에서 가족과 함께 살아요.

# 동물은 어떻게 느낄까요?

개는 친구를 만나면 반가워해요. 파리는 두려움을 느낄 수 있어요. 동물한테도 여러분이 느끼는 여러 가지 감정이 있어요. 심지어 개, 까마귀, 고래는 두려움을 느끼는 게 나쁘다는 걸 알고 다른 동물을 도와주기까지 하지요. 남을 도와주려면 때로는 용기가 필요하답니다.

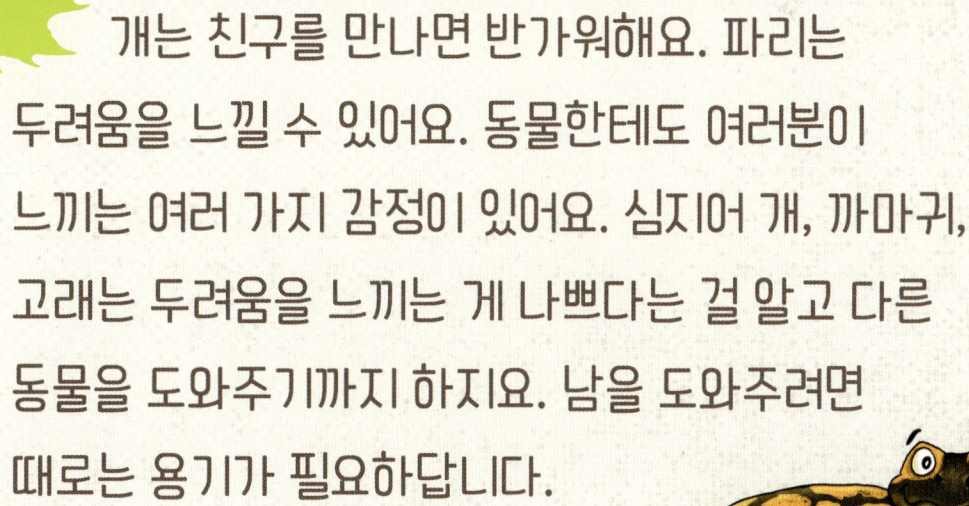

## 두려움에 대하여

뭔가 두렵다는 건 그리 유쾌한 느낌이 아니에요. 하지만 두려움은 인생에서 무척 중요하답니다. 두려움을 모른다면 사는 게 위험해지거든요. 동물들 사이에서도 마찬가지예요.

**여**러분은 무엇을 무서워하나요? 여러 가지라고요? 무섭고 두려운 게 있다면 여러분은 아주 평범한 사람이에요. 낭떠러지 앞에 서 있으면 누구나 떨어질까 두렵다는 느낌이 들기 마련이죠. 이런 두려움은 날 때부터 타고난 것이고 우리를 위험에 처하지 않도록 지켜 준답니다. 동물도 이런 두려움을 알아요. 우리와 마찬가지로 낭떠러지에서 굴러떨어지지 않으려고 그 가장자리에 딱 멈춰 서지요.

**살**면서 배우게 되는 두려움도 많아요. 어미 여우가 겁에 질리면 새끼들 역시 덩달아 무서워하지요. 어쩌면 어미 여우는 사람을 보고 무서워하는지도 몰라요. 아직도 세계 곳곳에선 사냥꾼이 총을 쏴서 여우를 잡으니까 여우한테는 위험한 맹수나 다름없거든요. 어미가 사람을 두려워하는 모습을 보고 새끼들은 사람은 무서운 존재니까 눈에 보이면 얼른 도망쳐야 한다는 사실을 배워요. 사냥을 많이 하는 지역에서 사람에 대한 두려움은 새끼 여우들한테 아주 중요해요. 그 덕분에 훨씬 더 오래 살아남을 수 있으니까요.

들판에 있던 노루는 깜짝 놀라면 얼른 숲속으로 달려가요. 숲속에서는 더 잘 숨을 수 있거든요.

**도**시에서는 함부로 총을 쏴서 동물을 잡을 수 없어요. 그래서 여우는 도시에 사는 사람들은 그리 위험하지 않다는 사실을 배우게 돼요. 우리가 그러듯 동물도 두려움을 넘어설 수 있답니다. 물론 그게 몇 달이 걸릴 수도 있지요. 두려움은 때로 정말 끈덕지거든요. 아마 여러분도 알 거예요. 독거미를 만날 일이 없는 나라에서 거미는 전혀 위험하지 않지만 여전히 거미를 무서워하는 사람이 많아요. 거미가 별 해를 끼치지 않는다는 사실을 알면서도 평생토록 두려움에서 벗어나지 못하기도 하지요.

### 따라 해 보세요!

친구들이랑 놀 때 여러분이 느끼는 감정에 주의를 기울여 보세요. 여러분은 실제로 친구들이랑 술래잡기나 숨바꼭질을 할 때 나쁜 일이 일어나지 않는다는 걸 분명하게 알아요. 오히려 재미있지요! 그래도 술래가 내가 숨은 곳으로 다가오거나 나를 막 잡으려고 하면 조금 겁이 날 거예요. 아랫배가 간질간질, 가슴이 두근두근! 친구들이랑 놀 때는 두려움도 그리 나쁘지만은 않아요. 약간의 두려움은 짜릿짜릿 재미있을 수도 있으니까요.

**여**우, 멧돼지, 개나 고양이는 우리랑 비슷해요. 가까운 친척이니까요. 이 동물들이 뭔가 두려워한다는 건 쉽게 이해할 수 있어요. 그러면 우리랑 매우 다른 동물들은 어떨까요?

**오**랫동안 과학자들은 물고기가 두려움을 못 느낀다고 생각해 왔어요. 물고기의 뇌 속 깊은 곳에는 우리한테 두려움을 불러일으키는 부위에 해당하는 것이 없거든요. 그러다가 놀라운 사실을 알게 됐어요. 물고기한테 두려움을 불러일으키는 자리는 뇌의 저 위, 표면에 있다는 것을요. 굳이 힘들게 연구할 필요 없이 낚시꾼에게 그냥 물어보기만 해도 됐을 텐데. 낚시꾼은 물고기가 뭐가 위험한지 잘 안다는 사실을 오래전부터 알고 있었어요. 낚싯바늘에 걸렸다가 가까스로 빠져나온 물고기는 웬만하면 낚싯바늘을 또다시 물지 않아요. 밖으로 끌려 나갈까 봐 두려워서요. 바늘에 찔리면 몹시 아플뿐더러 땅에서는 숨도 제대로 못 쉬지요.

**동**물이 두려움을 느낀다는 사실은 집에서도 아주 쉽게 볼 수 있어요. 파리도 두려워하거든요! 파리를 손으로 때려서 잡으려고 해 본 적 있나요? 처음에는 손을 아주 가까이 댈 수 있지만 일단 놓치면 그다음부터는 훨씬 더 어려워져요. 손이 위험하다는 걸 알아차린 파리가 겁이 나서 더 빨리 도망친답니다.

**심**지어 나무도 두려움을 느낄지 모른대요. 과학자들도 아직 분명하게 알지는 못해요. 그렇지만 노루가 가지를 깨물면 나무도 아픔을 느낀답니다. 그럼 가지와 잎사귀에 쓴맛이 나는 액체를 끌어올려요. 동시에 지금 위험한 동물이 돌아다닌다는 사실을 다른 나무도 알게끔 냄새로 경고를 해 줘요. 그럼 다른 나무도 덩달아 무서움을 타는지는 아직 확실하지 않아요. 아저씨는 그러리라고 생각하지만, 명확하게 밝혀지진 않았어요.

# 용기를 내요!

두려움과 용기는 서로 짝을 지어 같이 다녀요. 동물의 세계에서도 그래요. 용기란 두렵지만 그걸 넘어선다는 뜻이거든요. 친구끼리 서로 힘을 합치면 때로는 용기를 내는 일이 더 쉬워지지요.

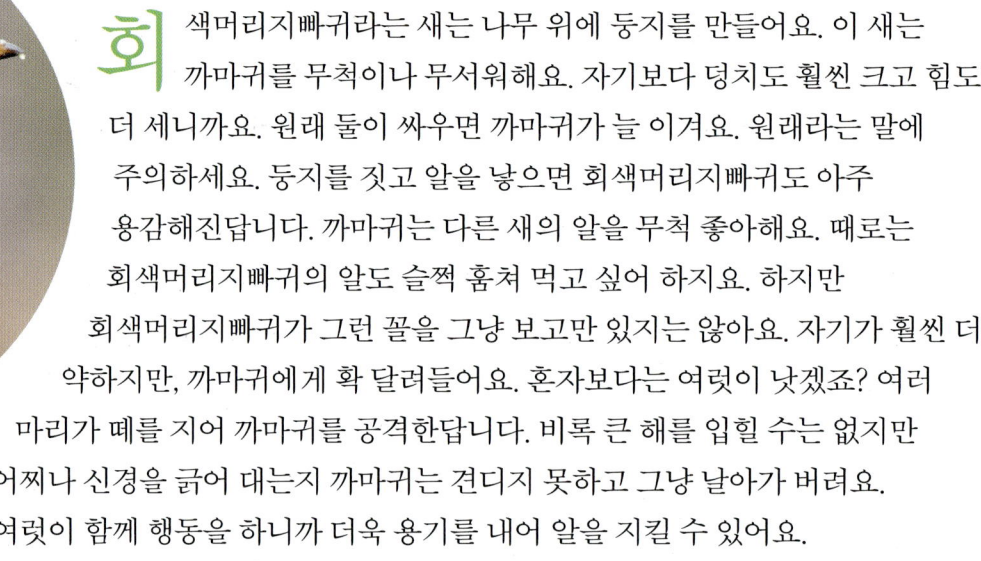

**회**색머리지빠귀라는 새는 나무 위에 둥지를 만들어요. 이 새는 까마귀를 무척이나 무서워해요. 자기보다 덩치도 훨씬 크고 힘도 더 세니까요. 원래 둘이 싸우면 까마귀가 늘 이겨요. 원래라는 말에 주의하세요. 둥지를 짓고 알을 낳으면 회색머리지빠귀도 아주 용감해진답니다. 까마귀는 다른 새의 알을 무척 좋아해요. 때로는 회색머리지빠귀의 알도 슬쩍 훔쳐 먹고 싶어 하지요. 하지만 회색머리지빠귀가 그런 꼴을 그냥 보고만 있지는 않아요. 자기가 훨씬 더 약하지만, 까마귀에게 확 달려들어요. 혼자보다는 여럿이 낫겠죠? 여러 마리가 떼를 지어 까마귀를 공격한답니다. 비록 큰 해를 입힐 수는 없지만 어찌나 신경을 긁어 대는지 까마귀는 견디지 못하고 그냥 날아가 버려요. 여럿이 함께 행동을 하니까 더욱 용기를 내어 알을 지킬 수 있어요.

**때**로는 혼자서도 아주 용감해질 수 있어요. 아저씨도 두 눈으로 직접 본 적이 있어요. 어미 사슴이랑 새끼 사슴이 길을 잃고 헤매다가 동물 우리 안에 들어왔어요. 우리 개 막시더러 쫓아내라고 했지요. 막시가 사슴을 쫓으면서 입구로

### 따라 해 보세요!

겁 많은 박새는 어떻게 지낼까요? 직접 알아내고 싶다면 이렇게 해 봐요. 수첩과 필기구를 챙겨서 야외 벤치나 풀밭 돗자리 위에 자리 잡고 앉아요. 첫 몇 초 동안 얼마나 많은 동물이 보이는지 얼른 주위를 둘러봐요. 그리고 그 결과를 수첩에 적어 넣어요. 그런 다음 적어도 10분 동안 아주 세심하게 주위를 살펴봐요. 자, 얼마나 많은 동물을 찾았나요? 새든, 딱정벌레든, 고양이든, 어떤 동물이든 상관없어요. 바로 옆도 잊지 말고 봐야 해요. 쉽게 보지 못하고 놓치는 진드기나 거미가 기어갈 때도 있으니까요! 그 결과도 수첩에 적어 넣어요. 시간을 오래 들일수록 훨씬 많은 것을 발견할 수 있다는 사실을 잊지 마세요!

몰아대자 어미 사슴은 새끼를 데리고 도망쳤어요. 어미 사슴이 부랴부랴 달아나는데 새끼 사슴은 너무 혼란스러웠나 봐요. 갑자기 휙 돌아서더니 다짜고짜 막시에게 달려들었어요. 막시는 어찌나 놀랐는지 꼬리를 말아 내린 채 냉큼 줄행랑을 쳤어요. 새끼 사슴이 개를 공격하다니, 막시는 너무 놀란 나머지 겁을 먹은 거지요.

용기는 사랑에서 나오는 경우가 많아요. 어미는 사실 혼자 도망가는 게 나은데 새끼를 지키려고 위험을 무릅쓰지요. 많은 동물이 그런답니다. 그나저나 그리 용감하지 않은 동물은 어떨까요? 제대로 싸우지 못하고 도망치느라 늘 힘들까요?

겁이 많은 동물도 나름대로 좋은 점이 있어요. 과학자들은 박새를 관찰하고 그런 사실을 알아냈어요. 용감한 새가 맛있는 먹이를 재빨리 차지하는 반면 겁이 많고 조심스러운 새는 늘 주저하면서 주위를 둘러보지요. 혹시 가까운 곳에 위험한 고양이가 없을까? 언제나 주변만 살필 뿐 차마 먹이를 향해 날아가지 못해요. 그런데 세상에 겁 많은 새는 그 새 한 마리만은 아니에요.

그리 용감하지 않은 박새 몇 마리가 모여 작은 무리를 이룬답니다. 과학자들은 그리 용감하지 않은 박새가 큰 무리를 이루는 것을 좋아하지 않는다는 사실을 알아냈어요. 새가 많이 모이면 몹시 시끄러울뿐더러 이리저리 부산스럽게 날아다니거든요. 조심스럽고 소심한 박새한테는 그런 행동이 무척 부담스러워요. 그래서 작은 무리를 만드는 거예요. 겁이 많은 박새들끼리 모이는 게 가장 좋지요. 작은 무리의 박새들은 분쟁을 싫어해서 거의 싸우지 않아요. 이런 무리는 어디론가 날아가려고 마음먹을 때까지 시간이 무척이나 오래 걸려요.

작은 무리의 박새는 분쟁을 싫어해서 거의 싸우지 않아요.

그래도 용감한 박새가 겁 많은 박새가 먹을 것까지 다 먹어 치우지는 못해요. 언제나 일찍 날아가서 모이를 집어 먹는 새들은 많은 것을 미처 보지 못하고 놓쳐 버리거든요. 조심스러운 새는 덤불 속에 숨어 잘 보이지 않는 지난여름의 낟알을 발견하곤 해요. 겁 많은 새들도 용감한 새만큼이나 먹이를 많이 발견하지요.

# 잠의 요정이 찾아왔어요

우리는 잠을 자면서 자주 꿈을 꿔요. 하지만 꿈을 꿨다는 사실을 전혀 모를 수도 있어요. 다음 날 아침 전날 밤 꾼 꿈을 기억하지 못할 때가 많으니까요. 동물은 어떨까요? 동물도 꿈을 꿀까요?

말은 아주 안전하다고 느낄 때만 눕는답니다. 이 망아지처럼도.

깊이 잠든 개를 본 적 있나요? 때로 짖거나 다리를 움찔거리기도 해요. 꿈을 꾸는 거예요. 꿈속에서 집토끼를 쫓아다니고 있을까요? 고양이가 그러는 모습을 봤을 수도 있겠네요. 그런데 말이 꿈꾸는 모습을 본 적이 있나요? 말은 고작 몇 분 동안 깊은 잠에 빠지지만 그럴 땐 옆으로 누워서 발굽을 휘두르지요. 뇌는 여러분이 자는 동안에도 계속 활동해요. 특히 얕은 잠을 잘 때 꿈을 꾸지요. 왜 꿈을 꾸는지 정확하게 알지는 못하지만 여러분은 꿈속에서 여러 가지 일을 경험해요. 때로 현실에서는 전혀 있을 수 없는 일까지도 겪지요. 아저씨는 예전에 하늘을 나는 꿈을 자주 꿨어요. 그때는 그저 팔만 위아래로 움직이면 됐답니다.

그런데 동물이 정말 꿈을 꾸는지, 꿈속에서 무엇을 경험하는지, 우리가 어떻게 알 수 있었을까요? 과학자들이 쥐로 실험을 해 봤어요. 동물의 뇌 속 전류를 잴 수 있는 기계를 가지고 실험을 했지요. 쥐의 뇌는 우리 뇌랑 전기적으로 똑같이 작동해요. 수많은 뇌세포가 있어서 생각하거나 꿈꿀 때 끊임없이 약간의 전류를 흘려보내지요. 이 전류를 재서 그 결과를 컴퓨터 모니터로 살펴보았어요. 과학자들은 쥐를 우선 미로에 집어넣었어요. 쥐가 지금 막 어디를 달리는지에 따라서 모니터에는 다양한 문양이 나타났어요. 과학자들은 쥐들이 밤에 잠잘 때 이 기계로 다시 뇌를 측량하고 그 결과를 살펴보았어요. 모니터에 나타난 문양 덕분에 과학자들은 쥐들이 지금 미로 꿈을 꾼다는 사실은 물론 더 나아가 지금 꿈속에서 어디를 달리고 있는지까지 알게 되었답니다.

## 따라 해 보세요!

공부할 때 중요한 내용을 저녁때 다시 한번 읽어 보세요. 밤사이 자는 동안 뇌가 그 내용을 되새기니까 훨씬 더 잘 기억될 거예요.

동물이 실제로 꿈을 꾼다는 증거가 하나 더 있어요. 바로 눈알의 움직임이에요. 사람이 꿈을 꿀 때를 보면 눈알을 이리저리 마구 굴려요. 엄마, 아빠가 소파에서 깜박 잠들었을 때 잘 살펴보면 그걸 확인할 수 있어요. 눈꺼풀 아래에서 눈알이 움직이기 시작하면 꿈을 꾸는 거예요. 눈알이 내내 움직이는 건 아니고 잠깐 움직이다가 금방 멈춰 버려요. 그러니까 잠을 잔다고 해서 계속 꿈을 꾸는 건 아니랍니다.

동물도 그리 다르지 않아요. 개, 고양이, 말, 심지어 새까지 모두 잠을 잘 때 종종 눈알을 이리저리 굴린답니다. 그게 바로 꿈을 꾼다는 증거라고 할 수 있지요. 아주 작은 동물은 어떨까요? 파리를 비롯한 곤충은 눈꺼풀이 없잖아요? 그러니까 눈을 감을 수도 없는데요. 그렇지만 그 동물들도 잠을 자요. 과학자들은 그런 작은 동물들한테서도 큰 동물과 비슷한 행동을 관찰할 수 있었어요. 작은 동물도 자면서 다리를 버둥거리지요.

그런데 잠이랑 꿈이 왜 이리 중요할까요? 아직은 과학자들도 그 이유를 정확하게 알지 못해요. 하지만 한 가지는 확실해요. 뇌는 밤에 휴식을 취하는 한편 낮에 배운 것을 저장한다는 거예요. 그런데 동물은 낮에 정말 많은 것을 배우잖아요! 어디에 먹이가 있는지, 무서운 천적을 어떻게 따돌렸는지 살아가는 데 꼭 필요한 것들을 잘 기억해야 하지요. 그러면 밤에 잠을 자지 않는 동물들은 어떻게 해요? 밤에 잠을 자지 않는 동물들도 꽤 많잖아요. 박쥐와 나방은 밤에 바삐 돌아다니죠. 올빼미와 여우도 마찬가지고요. 걱정 마세요. 그런 동물도 우리와 마찬가지로 언젠가는 피곤해질 테고, 밤에 활동하는 대신 그냥 낮에 잠을 자고 꿈을 꾸니까요.

# 가장 친한 친구

많은 동물한테 우정은 아주 중요해요. 하지만 모두 다 같은 종의 동물이랑 친구가 될 수 있는 것은 아니지요. 그럴 때는 혼자이기 싫어서 다른 종의 동물이랑 친해지기도 한답니다.

친구와 함께 하면 모든 일이 더 흥미진진해져요. 여러분도 친구랑 같이 흙 속에 사는 동물을 관찰해 보세요!

러시아의 한 동물원에서는 호랑이와 숫염소가 친구가 되었어요. 사실 그 염소는 호랑이 먹이로 장만한 거였는데, 우리에 염소를 넣자마자 호랑이는 그걸 잡아먹는 대신 친구로 삼았답니다. 그동안 무척 외로웠다가 같이 놀 친구가 생겨서 좋았나 봐요. 하지만 아무리 같이 논다고 해도 호랑이 발톱은 길고 날카로워서 언제라도 위험해질 수 있어요. 아니나 다를까, 염소는 곧 큰 상처를 입고 수술을 받아야 했어요. 그리고 다시는 자기 친구에게 되돌아갈 수 없었지요. 염소한테 호랑이는 너무 크고 힘이 세거든요.

동물 사이에서 우정이 싹트는 방식은 우리랑 거의 비슷해요. 일단 어디선가 새 친구를 만나야 하지요. 이런 일은 학교나 운동 동아리처럼 또래가 많이 모이는 곳에서 특히 잘 이루어져요. 동물도 그리 많이 다르지 않아요. 수사슴은 엄마 곁에서 어린 시절을 보낸 다음 가족을 떠나야만 해요. 그다음 다른 젊은 사슴들이랑 사귀어서 자기들끼리 새로운 무리를 만든답니다. 아무도 외롭게 지내지 않아요.

동물은 대개 수컷은 수컷끼리, 암컷은 암컷끼리 친구가 되려고 해요. 예를 들어 암컷 박쥐한테는 단짝이 있는 경우가 많아요. 둘은 많은 시간을 함께 보내다가 그중 하나가 새끼를 낳으면 다른 하나가 옆에서 도와줘요. 아기가 태어나면 엄마 젖을 먹을 수 있게 슬쩍 밀어 주고요.

친구는 서로 좋아하고 믿어 주는 특별한 사이랍니다. 이렇게 말하니 가족이랑 비슷하게 들리네요. 실제로 비슷해요. 친구는 서로 친척이 아닐 뿐 더 넓은 의미에서 가족이나 다름없어요. 하지만 가족 관계와는 달리 우정은 언젠가 끝나고 다른 친구랑 새롭게 이어질 수도 있어요.

우정은 집단생활을 좋아하는 동물들 사이에 생겨나요. 닭, 소, 염소, 늑대 등 아주 많은 동물이 친구 관계를 맺어요. 크든 작든 무리를 지어 사는 동물은 그 안에서 유난히 더 친한 친구가 있지요. 하지만 모든 동물이 집단생활을 좋아하는 건 아니죠. 스라소니처럼 누가 옆에 있는 걸 좋아하지 않는 단독 생활 동물도 있답니다. 스라소니는 새끼가 있을 때를 빼면 혼자서 숲을 누비고 다니는 걸 가장 좋아해요. 스라소니 떼나 스라소니 우정 따위는 없어요.

## 동물·정보

### 스라소니

스라소니는 고양이를 닮은 고양잇과 동물로 덩치는 고양이보다 훨씬 커요. 귀가 뾰족하고 귀 끝에 검은 털 송이가 달려 있고 꼬리가 아주 짧아서 쉽게 알아볼 수 있어요. 스라소니는 고양이보다 덩치가 큰 만큼 먹성도 좋아서 쥐뿐만 아니라 노루처럼 커다란 동물도 잡아먹어요.

사냥할 때면 시속 70킬로미터까지 달릴 수 있어요.

염소는 친구가 없으면 외로움에 목 놓아 울어요. 그래서 항상 무리 지어 산답니다.

지금껏 큰 동물 이야기만 했어요. 곤충처럼 아주 작은 동물들은 어떨까요? 곤충은 대개 단독 생활을 하지만 다 그런 것은 아니랍니다. 개미와 꿀벌은 여왕을 중심으로 일종의 왕국을 만들어 집단생활을 해요. 자세히 살펴보면 왕국이라기보다는 가족에 가까워요. 모든 구성원이 딱 하나의 여왕, 더 정확하게 말하자면 딱 하나의 엄마한테서 태어나거든요. 즉, 한 왕국의 개미나 꿀벌은 모두 형제자매인 경우가 대부분이에요. 그들은 서로 좋아하고 서로 도우며 애벌레를 먹이고 가족을 지켜요. 그런 일을 하는 곤충들은 아마 서로 우정을 맺을 수도 있겠지요? 과학자들도 아직 그것까지는 밝혀내지 못했어요. 어쩌면 여러분이 언젠가 그런 연구를 할 수도 있겠네요.

## 함께 해 봐요!

언뜻 봤을 때 생김새가 비슷해도 친구가 되기 힘든 동물들이 있어요. 기니피그와 피그미토끼가 그렇답니다. 덩치도 고만고만하고 둘 다 한 마리만 따로 기르면 안 되는 동물이지요. 하지만 기니피그와 피그미토끼는 함께 기르면 안 돼요. 서로 쓰는 말이 다르기 때문에 한 우리에 넣어 같이 기른다고 친해지지 않고 각자 따로 외로워할 뿐이지요. 그러니까 먼저 기르고 싶은 동물을 정하고 그 동물을 두 마리 기르는 게 좋답니다.

# 어려울 때면 함께 살아요

산다는 게 쉽지만은 않아요. 동물도 마찬가지죠. 어떤 동물은 특이한 색깔 때문에 늘 눈에 잘 띄고 어떤 동물은 너무 일찍 부모를 잃어요. 또 어떤 동물은 나이가 들면 행동이 굼떠지지만, 위험이 닥쳤을 때 자기가 아는 정보로 무리에게 도움을 주지요. 때로는 어떤 동물이 순식간에 너무 많아져서 공간이 좁아지기도 해요.

## 남들과 달라요

대부분의 동물은 다른 누군가의 눈에 잘 보이지 않는 색을 띠고 있어요. 그 색은 대개 갈색이나 회색이지요. 숲의 바닥이나 나무줄기가 그런 색이거든요. 그런데 같은 동물이라도 생김새가 유별나게 다른 경우가 있어요.

이 다람쥐는 자기가 다른 다람쥐랑 색이 다르다는 사실을 알까요?

나무들 사이에 아기 동물이 숨어 있으면 다른 동물은 좀처럼 알아차리지 못해요. 대개 털색이 나무랑 비슷해 보이거든요. 그런데 노루나 멧돼지, 사슴의 새끼 가운데 아주 드물게 털이 흰 것이 있어요. 보호색이 아니다 보니 숲에서 눈에 확 띄게 마련이에요. 늑대나 스라소니의 주의를 끌어서 위험에 처하기 쉽지요. 하지만 때로는 그런 동물이 더 나을 때가 있어요. 언제일까요? 맞아요. 겨울에 눈이 많이 내렸을 때예요. 세상이 온통 하얀색이니까 흰색 동물이 눈에 잘 띄지 않지요. 그때는 털이 갈색이거나 회색인 동물이 눈에 더 잘 띄어요. 그게 다가 아니지요. 총을 쏴서 동물을 잡는 사냥꾼도 특이한 흰색 동물은 그냥 살려서 보내 주는 경우가 많답니다.

살기 힘든 건 흰색 동물뿐만이 아니에요. 다른 동물보다 몸집이 더 작은 동물도 사는 게 힘들어요. 같이 태어난 새끼들 가운데에서도 큰 놈은 힘이 더 세요. 형제자매끼리 같이 놀다가도 이길 때가 많아요. 다 자라서 어른이 된 다음에도 여전히 힘세고, 더 빨리 달려서 우두머리가 될 가능성이 크지요. 하지만 덩치가 크면 많이 먹어야 해요. 먹이를 구하려고 다른 곳으로 갈 수 없는 섬에서는 덩치가 큰 게 참 곤란한 문제예요. 그래서 섬에 사는 동물들은 시간이 흐를수록 덩치가 점점 더 작아져요. 덩치가 작으면 그리 많이 먹을 필요가 없으니까요. 북대서양 스발바르 제도 스피츠베르겐섬에 사는 순록은 몸집이 아주 작아요. 이 섬에서 순록이 살아남을 수 있었던 건 오로지 크기가 육지에 사는 순록의 절반밖에 안 되기 때문이지요.

나비나 나방 중에도 언제나 조금 달라 보이는 개체가 계속 나와요. 회색가지나방을 예로 들어 볼게요. 자작나무에 붙어 사는 회색가지나방은 새에게 잡아먹히지 않으려고 보호색으로 위장을 해요. 회색가지나방의 날개는 대개 자작나무 껍질과 같은 색, 그러니까 어두운색 반점이 있는 하얀색이에요. 하지만 때로 회색가지나방 중에 날개 색깔이 더 짙은 나방들이 나타나요. 하얀 자작나무 껍질 위에서 그들은 눈에 더 잘 띄어서 새들에게 많이 잡아먹히지요. 그런데 지금으로부터 100년도 더 된 옛날, 공기가 무척 더러울 때가 있었어요. 수많은 공장의 굴뚝에서 연기를 어찌나 많이 뿜어냈는지 자작나무 색깔이 짙어질 지경이었지요. 그러자 어두운색 나방들한테 갑자기 이로운 점이 생겼어요. 새들은 나무껍질 위에 있는 그들을 더 이상 보지 못하고 대신 날개가 하얀, 평범한 회색가지나방을 더 많이 잡아먹었지요. 살아남은 나방의 새끼도 대개 부모를 닮기 마련이라서, 번데기에서 나온 나방도 날개 색깔이 짙었어요. 그 무렵에는 평범한 회색가지나방이 발견되는 일이 아주 드물었지요. 다행히 이제는 공기가 다시 좋아지고 자작나무 껍질도 제 색깔을 되찾았어요. 환경이 밝은색 회색가지나방한테 이로워지자 지금은 어두운색 나방이 다시 드물어졌답니다.

이제 남과 조금 다르게 다양한 동물이 태어나는 게 왜 중요한지, 여러분도 알 수 있을 거예요. 어쩔 수 없이 주위 환경은 계속 달라질 수밖에 없는데, 그런 변화가 생기면 별난 개체가 아주 중요해질 수도 있으니까요. 어쩌면 그런 동물이 어느 누구보다 환경 변화에 잘 적응할지도 모르죠.

### 잠깐만! Schau mal!

### 하얀 겨울

몸이 새하얀 동물이 나타났다고 이상하게 볼 필요는 없어요. 족제비는 대부분 겨울이 다가올 때 털갈이를 하면서 온몸이 하얀 털로 뒤덮인답니다. 그러면 눈 속에서 그리 쉽게 발각되지 않지요.

### 따라 해 보세요!

숲에서 친구들과 숨바꼭질을 하며 실험을 해 보세요. 술래가 여러분을 찾아야 할 때 색깔이 다른 겉옷을 입는 거예요. 한 번은 녹색이나 갈색 옷을, 다른 한 번은 하얀색이나 빨간색 옷을 입어 봐요. 어떤 옷을 입었을 때 더 빨리 들킬까요?

## 너무 많아지진 않아요

신기하게도 이 세상에 한 종류의 동물이 너무 많아지는 경우는 절대 없어요. 아니, 쥐는 새끼를 엄청 많이 낳는다고요? 너무 많아져서 세상 구석구석 몇 마리씩 앉아 있을 정도가 되면 어떡하냐고요? 그런 일은 절대 생기지 않아요.

새끼 쥐는 태어난 지 두세 달이 지나면 어른이 되고 새끼를 낳을 수 있어요.

쥐 한 쌍은 한 해에 2000마리에 이르는 자손을 얻을 수 있어요. 자식, 손자, 증손자까지 모두 합하면요. 하지만 실제로는 이런 일이 일어나지 않아요. 그럴 만한 이유가 있어요. 한 종류의 동물들이 유난히 많아지면 병도 그만큼 빨리 퍼지기 때문이에요. 쥐는 다른 쥐를 더 자주 만나고 그 가운데 한 마리라도 전염병에 걸리면 다른 쥐한테도 금방 옮아 버려요. 쥐한테는 예방 주사가 없잖아요. 아픈 쥐는 빨리 도망칠 수도 없으니까 여우나 맹금류인 말똥가리한테 금방 잡히고 말아요. 그래서 쥐가 줄어들지요.

노루도 서식 공간에 개체 수가 너무 많아지면 스트레스를 받아요. 당장 먹이 경쟁도 해야 하고 병에 걸릴 확률도 높아지니까요. 자기 영역을 찾지 못한 노루는 다른 노루한테 쫓겨나고 말지요. 이런 상황을 겪고 나면 노루는 너무 불안하고 두려운 나머지 새끼를 적게 낳아요. 매해 한 번에 두어 마리씩 낳았던 새끼를 딱 한 마리만 낳지요. 새끼가 적게 태어나면 노루의 수는 다시 줄어든답니다.

### 퀴즈

애벌레는 번데기가 되기 전까지 얼마나 많은 배설물을 만들어 낼까요?

- 약 100개
- 약 1000개
- 약 10000개

정답: 애벌레 한 마리가 번데기가 될 때까지 배설물을 1000개쯤 만들어요. 그런 다음 번데기가 되었다가 나비나 나방이 되어 날아가지요.

**한** 종류의 동물이 너무 많아지면 그 동물의 먹이가 부족해져요. 아저씨는 솔나방의 애벌레, 그러니까 송충이가 나무가 앙상해 보이도록 다 먹어 치운 숲을 본 적이 있어요. 송충이가 줄곧 배설물을 떨어뜨리는 통에 숲에 바스락거리는 소리가 요란했지요. 봄이 끝날 무렵 나무에는 잎이 거의 없어졌고 애벌레한테는 먹이가 없었어요. 게다가 쥐의 경우처럼 병이 퍼졌어요. 배가 고픈 데다 몸까지 아프니 애벌레는 견뎌 낼 수 없었지요. 결국 애벌레는 조금밖에 살아남지 못했고, 나무는 다시 기운을 차릴 수 있었어요.

**애**벌레가 많아지면 새도 늘어나요. 새끼를 낳아 기를 먹이가 넉넉해지기 때문이에요. 애벌레가 많으면 새들은 봄과 여름에 걸쳐 한 번이 아니라 두 번이고 세 번이고 계속 알을 낳아서 품어요. 둥지를 떠난 어린 새들도 배가 고프면 다시 애벌레를 잡아먹고요. 그럼 나무도 더 잘 지낼 수 있지요. 새들이 잡아먹어 애벌레 수가 줄면 나무가 앙상해 보일 만큼 잎을 먹어 치우지는 못할 테니까요.

**늑**대들이 숲에 들어와도 비슷한 일이 일어나요. 사슴 때문이에요. 봄과 여름 내내 밭에는 사슴이 먹을 게 아주 많아요. 사람들이 길러 먹으려고 곡식과 채소를 심으니까요. 목초지에도 싱싱한 풀이 자라요. 나중에 건초를 만들어 소에게 먹여야 하니까요. 사슴은 밭과 들판에 자라는 식물을 거의 다 좋아해요. 먹이가 넉넉하다 못해 흘러넘치니 새끼 사슴도 건강하게 자랄 수밖에 없어요. 시간이 흘러 밭과 들판에서 모든 결실을 다 거두고 나면 겨울에는 사슴이 먹을 게 없어요. 사슴은 굶주린 배를 움켜쥐고 숲으로 들어가요. 배가 너무 고픈 나머지 채 자라지 않은 어린나무까지 다 갉아 먹어요. 숲은 사슴이 나무를 먹어 치우는 속도를 미처 따라잡지 못하고 병들어 가지요. 그러다가 늑대 무리가 숲에 들어오면 모든 게 달라진답니다. 늑대는 배가 고프면 사슴을 잡아먹어요. 사슴이 줄어들면 더 많은 어린나무가 커다란 나무로 자라날 수 있어요. 그러니까 늑대는 나무의 친구인 셈이에요.

## 동물·정보

### 참나무행렬나방

참나무행렬나방(*독일 토종 나방의 한 종류)의 애벌레는 송충이처럼 나뭇잎을 먹어요. 참나무 종류의 잎을 유난히 좋아하지요. 때로는 마치 행렬을 하듯 긴 줄을 지어 기어다닌답니다. 참나무행렬나방의 애벌레 등에 난 털에는 독성이 있어요. 새에게 잡아먹히지 않으려고 독을 내뿜는 거예요. 이 털은 사람의 건강에도 별로 좋지 않아요. 그러니까 이런 애벌레가 사는 나무에는 가까이 가지 않는 게 나을 거예요. 만진 사람의 살갗이 붉게 변하고 가렵거나 눈이 충혈되거나 기침이 나고 천식이 생길 수 있어요.

# 함께하면 더 나아요

가족을 이루어 함께 사는 동물은 서로서로 도와요.
사냥할 때만 봐도 알죠. 그런데 서로 다른 종끼리도 도울까요?

고양이는 때로 정원에서 새를 잡으려고 쫓아다녀요. 그러니까 새가 고양이를 좋아하지 않는 건 당연하지요. 사실 새는 고양이가 곤경에 처하면 좋아해야 정상이에요. 그럼 자기도 덜 위험하잖아요. 그런데 적어도 한 번은 그렇지 않은 경우가 있었답니다. 어느 노부부의 집 정원에 까마귀 한 마리가 살았어요. 부부는 그 새에게 모세라는 이름을 붙여 주었어요. 어느 날 새끼 고양이 한 마리가 정원에 들어왔어요. 아마 부모를 잃은 듯, 어찌나 못 먹었는지 뼈밖에 남지 않아서 당장 굶어 죽는다 해도 이상하지 않을 정도였지요. 그런데 까마귀 모세가 어디선가 지렁이와 딱정벌레를 물고 와서 그 새끼 고양이에게 먹이기 시작했어요. 새끼 고양이는 무사히 살아남았고, 둘의 우정은 어느 날 모세가 사라질 때까지 5년이나 계속됐답니다.

이렇게 자연에서 어떤 동물이 다른 종류의 동물을 돕는 일은 계속해서 나타나요. 심지어 고래들 사이에서도 그런 일이 있었어요. 과학자들은 혹등고래가 바다표범을 보호해 주는 모습을 관찰한 적이 있어요. 범고래 한 마리가 바다표범을 잡아먹으려고 바짝 뒤쫓아 오고 있었지요. 혹등고래는 커다란 자기 몸을 둘 사이에 계속 끼워 넣는가 하면 심지어 바다표범을 자기 지느러미 위에 올려놓기까지 했어요. 범고래는 바다표범에게 가까이 가지 못하고 결국 포기할 수밖에 없었지요.

혹등고래도 새끼는 귀엽다고 생각해요. 친절한 혹등고래는 바다표범을 보고 어쩌면 새끼 고래를 떠올렸을지도 몰라요.

동물들이 왜 이런 일을 할까요? 새끼 고양이가 죽든 말든 까마귀는 아무 상관도 없을 테고, 혹등고래가 평소에 바다표범이랑 무슨 볼일이 있는 것도 아니고요. 남을 도와야겠다는 마음을 일으키는 감정은 연민이에요. 누가 힘들면 안타까운 마음을 느끼죠. 우리는 그 아픔을 함께 느끼면서 그 사람을 도와주려 해요. 어쩌면 동물도 별로 다르지 않은가 봐요. 개는 어떤 사람이 잘 지내지 못하면 위로해 주려고 해요. 가까이 다가와서 손이나 얼굴을 핥아 주기도 하고 때로는 옆에서 낑낑거리기도 하지요.

### 함께 해 봐요!

독일에서는 해마다 8만 마리의 개와 13만 마리의 고양이가 보호소에 들어간답니다. 한국에서는 해마다 10만 마리의 개와 3만 마리의 고양이가 버려지고요.(*2019년 기준) 주인이 그들을 더 이상 원하지 않거나 이제 돌봐 줄 수 없기 때문에 보호소에 들어가지요. 여러분이 혹시 반려동물을 기르고 싶다면 어디선가 돈을 주고 사지 말고 보호소에 찾아가 보세요. 어쩌면 거기서 마음에 쏙 드는 개나 고양이, 기니피그 한 쌍을 발견할 수도 있을 테니까요. 여러분은 그 동물에게 새로운 집을 내어 줄 수 있어요.

**독**일 베를린에서는 개가 새끼 멧돼지들을 돌봐 준 적이 있었어요. 추운 겨울날 산책하던 사람이 멧돼지 가족을 발견했는데, 어미는 이미 죽었고 새끼들도 온몸이 꽁꽁 얼어 있었어요. 그 사람은 새끼 멧돼지들을 동물 보호 센터에 데려다주었어요. 동물 보호 센터는 집 없는 동물들이 사는 농장 같은 곳이에요. 그곳에 살던 개 한 마리가 이 새끼 멧돼지들을 자식으로 받아들여서 다 자랄 때까지 보살펴 주었어요. 개는 때때로 새끼 고양이나 다른 어미 개가 낳은 강아지를 대신 키우기도 하지요.

**어**떤 동물한테는 같은 종류의 친구들끼리 서로 돕는 게 그냥 일상적인 것처럼 보여요. 남아메리카에 사는 박쥐는 먹이를 서로 나눠 준다고 알려져 있어요. 어떤 박쥐가 운이 나빠서 먹이를 찾지 못한 채 동굴로 돌아오면, 다른 박쥐들이 자기가 먹을 것을 조금씩 나누어 주어요. 그럼 아무도 배고플 일이 없어요. 먹이를 받은 박쥐는 누가 무엇을 줬는지 잘 기억해 뒀다가, 자기를 도와준 박쥐가 배가 고플 때 답례로 먹이를 나눠 준답니다.

**동**물들이 감사하다는 생각을 할까요? 네, 아저씨는 그렇다고 확신해요. 보호 센터에 맡겨진 개나 고양이는 때로 무척 겁을 먹어요. 아무도 자기를 원하지 않을까 봐 걱정하지요. 누가 와서 자기를 데려가면 얼마나 행복한지 다 보여 줘요. 아저씨도 직접 경험했어요. 코커스패니얼 종류의 개 베리는 입양될 당시 벌써 아홉 살이었어요. 베리는 우리 산림경영지도원 사택에서 행복하게 잘 지냈어요. 하지만 여행은 절대 같이 가려고 하지 않았어요. 아마 집을 떠나면 다시 어딘가에 맡겨질까 걱정스러웠나 봐요.

# 동물이 늙으면

시간이 흐르면 동물도 늙어요.
젊었을 때보다 허약해져서 빨리 달리지도 못하고
털도 하얗게 세어 버리지요.

늙은 말은 사랑이 많이 필요해요. 사랑은 여러분이 넘치도록 줄 수 있어요.

**동**물이 나이가 들면 무엇이 달라지는지, 아저씨는 집에서 키우는 동물을 보고 알 수 있었어요. 말은 어금니가 하나씩 빠져서 풀을 씹는 게 어려워져요. 풀을 잘 씹지 못하면 소화도 잘 안 되니까 점점 여위어 가지요. 자꾸 비틀거리기도 해요. 많이 움직이지 못해서 근육이 줄어드니까요. 게다가 다시 일어서지 못할 거라는 두려움까지 더해져요. 말이 어떻게 일어서는지 본 적 있나요? 탄력을 이용해서 단번에 벌떡 일어서야 해요. 몸에 힘이 있을 때만 그럴 수 있어요. 늙은 말은 그래서 여간해선 드러눕지 않아요. 한번 누우면 다시 일어설 수 없을지도 모르니까요.

**야**생에 살면서 나이 든 늙은 야생마는 자기 무리에게 도움을 줄 수 있어요. 그때까지 살면서 아주 많은 것을 배웠잖아요. 자기 무리를 위해서 꼭 가장 빨리 달려야만 하는 건 아니죠. 야생에서 오래 살아남으려면 무엇이 위험한지 아닌지 알아야 하는데, 늙은 말은 그걸 잘 알거든요. 강이 너무 깊거나 빠르게 흐르면 그곳을 지나는 말에게 위험해요. 또 숲에서 곰의 공격으로 위험에 처할 수도 있어요. 만약 어떤 말이 한 번도 곰을 본 적이 없다면, 곰을 만나도 얼른 도망쳐야 한다는 사실을 알 리가 없어요. 그럴 때 경험 많은 늙은 말이 모두에게 경고를 해 주면 말들은 살 수 있지요. 젊은 말들은 무엇이 좋은지 잘 모르는 경우도 많아요. 가장 좋은 풀은 어디에 있을까? 모든 게 바짝 마르는 여름에 어디서 마실 물을 찾을 수 있을까? 폭풍우가 몰아칠 때 비바람을 맞지 않으려면 어디에 서 있어야 할까? 나이 든 동물은 이 모든 것을 젊은 동물들에게 가르쳐 줄 수 있어요. 이미 여러 번 와 봤으니까요.

이 늙은 나방은 날개가 많이 상했어요.

**어떤 동물이 가장 오래 살까요?**
- 쥐
- 조개
- 고래

정답: 조개예요.
가장 어린 쥐는 몇 년 못 살아요. 하지만 지금까지 200살 넘게 산 조개도 있어요. 하지만 지금까지 북대서양에서 발견된 대양백합조개 가운데 가장 오래된 개체는 500살이 넘었답니다.

**때**로는 늙은 동물이 그저 사랑만 받을 때도 있어요. 늑대는 무리 가운데 어느 누구도 곤경에 처한 채로 그냥 놔두지 않아요. 너무 늙어서 사냥을 할 수 없게 되면 다른 늑대들이 그 늑대를 먹여 살리지요.

**늙**은 동물은 젊은 동물보다 기분이 좋지 않을 때가 많아요. 눈도 잘 안 보이고 귀도 잘 안 들려서 많은 것이 어려워지기 때문이에요. 게다가 관절이 안 좋아 온몸이 아프니 기분이 나아질 리 없어요. 집에서 키우는 동물이 나이가 많다면 여러분은 좀 더 참아 줄 줄 알아야 해요. 개나 고양이한테 귀찮게 굴지 않고 가만히 쉬게 놔두는 것만으로도 충분해요. 늙은 동물은 대개 잠이 많아지거든요.

**개**는 나이가 들면 그리 많이 놀려고 하지 않아요. 뛰어놀다 보면 숨이 가빠지잖아요. 늙은 개는 그게 너무 힘들어서 기껏해야 조금 깔짝거리다가 말아요. 그렇다고 여러분을 덜 좋아하는 건 아니에요. 단지 힘들어서 그런 거예요. 늙은 동물이든 젊은 동물이든 사랑은 언제나 변함없이 똑같이 남는답니다.

**늙**은 동물한테는 달음박질뿐만 아니라 털갈이도 힘들어요. 말도 그렇지만 염소도 마찬가지예요. 날씨가 포근해지면, 동물들의 겨울털은 한두 주 안에 다 빠져요. 하지만 새로운 털을 만들어 내는 건 힘이 많이 드는 일이고, 그렇기 때문에 늙은 동물은 털을 가는 데 시간이 무척 오래 걸려요. 그래서 겨울털을 미처 다 갈지 못한 채 따뜻한 봄날에 유난히 더위를 타는가 하면 한동안 무척이나 덥수룩한 모습으로 돌아다니기도 해요. 달라지는 게 하나 더 있어요. 털 색깔이요. 동물들도 늙으면 사람이랑 똑같이 하얀 털이 더 늘어나요. 다행히도 그건 아프거나 불편하지 않아요.

# 별나게 잠자는 동물들-
# 활공 수면, 잠꾸러기, 뇌 곡예

모든 동물이 잠을 잘 때 침대를 쓰는 건 아니에요.
아예 필요 없는 경우도 있어요. 어떤 동물은 깨어나기
위해 갖은 애를 다 써야 하고 또 어떤 동물은
평생 제대로 잠을 자지 못한답니다.

## 칼새

칼새는 하늘을 나는 걸 무척 좋아해요. 어찌나 좋아하는지, 밤에
잠을 자려고 땅에 내려앉지도 않는답니다. 칼새는 피곤해지면 그냥
하늘로 2~3킬로미터 높이까지 날아 올라가요. 작은 비행기만큼이나 높이
올라가는 거지요. 거기서 한동안 날갯짓을 하지 않고 공기 속을 미끄러지면서
잠깐 눈을 붙여요. 그러는 동안 천천히 아래로 내려오다가 화들짝 다시 깨어나 더 높이
날아올라서, 모든 것을 처음부터 다시 시작하지요. 이게 더 안전하기 때문이에요. 하늘 높은
곳에서 잠을 자면 다른 동물한테 쉽게 잡아먹히지 않거든요. 칼새를 잡아먹는 매 같은
맹금류는 바닥이나 나무에서 잠을 자요.

하늘을 날려면 깃털이 필요해요. 칼새도 다른 새들처럼 규칙적으로 깃털을 갈아야 해요. 낡은 깃털이 빠지고 새 깃털이 나는 털갈이를 하지요. 털갈이를 하는 동안 대부분의 새들은 날아다닐 수 없어요. 하지만 칼새는 깃털을 한꺼번에 가는 게 아니라 하나씩 하나씩 순서대로 찬찬히 갈아요. 그래서 털갈이를 하는 데 반년은 걸리지만 그동안 하늘을 날 수 있어요.

### 따라 해 보세요!

박쥐를 어디에서 볼 수 있을까요? 박쥐를 보려고 동굴까지 들어가지 않아도 돼요. 어쩌면 집 근처에서 집박쥐를 볼 수 있을지도 몰라요. 한국에서는 옛날부터 벽 틈이나 지붕 아래에 집박쥐가 자리를 잡고 살았거든요. 하지만 여러분이 직접 찾아내기는 어려울 수도 있어요. 최근에 아파트와 도로가 많이 생겨나면서 박쥐가 살 곳이 줄어들었으니까요. 사실 박쥐는 모기는 물론 벼 해충인 멸강나방 등을 잡아먹는 유익한 동물이에요. 박쥐의 입맛을 이용해 친환경 농사를 지으면 딱 좋겠지요? 독일에서는 서식지가 줄어든 박쥐가 지낼 인공 박쥐 집을 만들어 주는 행사가 열리기도 해요.

## 박쥐

박쥐는 하늘이 아니라 동굴에서 잠을 자요. 겨울잠을 오래 자다가 삼월에야 깨어나요. 겨울잠에서 깨어나는 일은 무척이나 힘들고 위험해요. 겨울잠을 자는 동안 박쥐의 심장 박동은 1분당 10번까지 떨어지거든요. 잠에서 깨어날 때는 심장 박동이 다시 빨라져서 1분에 600번에 이르러야 해요. 대략 우리보다 여섯 배에서 여덟 배 정도나 더 빠른 거예요! 심장 박동이 이렇게 빨라지는 건 어렵고 힘이 많이 들어요. 여기에 박쥐는 깨어날 때 체온을 올려야 해서 몸을 덜덜 떨어요. 그러기 위해 몸에 남은 지방을 마지막 한 방울까지 쥐어짜야 해요. 가을에 충분히 먹어 두지 못한 박쥐는 자칫하면 목숨을 잃을 수도 있지요. 게다가 건강한 박쥐도 겨울잠을 자고 난 다음 위험해지는 경우가 있어요. 박쥐는 곤충을 주로 잡아먹는데, 삼월 초에 날씨가 포근하다고 너무 일찍 깨어나면 아직 곤충이 여기저기 돌아다니지 않거든요. 먹을 게 없는 거죠. 그래서 조금 뭉그적거리면서 늦게 일어나는 게 차라리 더 나아요.

## 쇠돌고래

쇠돌고래는 북해와 발트해에 사는 포유류예요. 물속에서는 숨을 쉴 수 없지요. 고래와 돌고래들이 다 그렇듯, 머리에 분수공이 있어서 그걸로 공기를 빨아들이지요. 그러려면 언제나 다시금 물 위로 떠올라야 해요. 그렇다면 쇠돌고래는 잠을 자고 싶을 때 어떻게 숨을 쉴까요? 쇠돌고래가 찾아낸 방법을 알면 입이 딱 벌어질 거예요. 쇠돌고래는 제대로 잠을 자지 않는답니다. 평생토록 단 한 번도 마음 놓고 잠을 푹 자는 적이 없어요. 하지만 쇠돌고래도 당연히 쉬긴 쉬어야 하잖아요. 잠은 특히 뇌에 중요하니까요. 사람은 며칠 동안 잠을 잘 자지 못하면 자꾸 어지럽고 어떤 일에도 집중하지 못하고 그저 아무 데나 누워서 자고 싶지요. 쇠돌고래한테는 그런 일이 일어나지 않아요. 아주 특별한 능력이 있거든요. 쇠돌고래는 그냥 뇌의 반쪽만 재운답니다. 다른 반쪽은 물에 빠지지 않도록 정신 똑바로 차리고 숨을 쉬지요. 시간이 지나면 서로 역할을 바꿔서 잠을 잘 잔 반쪽이 깨어서 숨을 쉬고 다른 반쪽이 잘 수 있게 해요. 이렇게 해서 뇌가 완벽하게 회복한답니다.

# 동물과 날씨

94

동물은 일 년 내내 밖에서 살아요.
비가 오나 눈이 오나 더우나 추우나 늘 그런답니다.
들어가 쉴 동굴이 없으면 모든 것을 견뎌 내야
하지요. 하지만 그리 나쁘진 않아요. 동물은
대부분 어떤 계절이든 또 어떤 날씨든
잘 적응할 수 있거든요.

# 우산이 없어도 괜찮아요

주륵주륵 비를 맞는 걸 좋아하는 사람은 거의 없을 거예요. 물고기나 개구리라면 또 모를까. 몸이 젖으면 으슬으슬 추워지잖아요. 대부분의 동물도 여러분과 그리 다르지 않아요.

다행히 비옷을 입은 동물들이 많아요. 새들은 깃털이 기왓장처럼 겹겹이 포개져 있어요. 비가 내려도 피부에 닿지 않고 깃털 위로 흘러내리지요. 세찬 비가 오래 내릴 때만 빗방울이 깃털 사이로 스며들어요. 그럼 새는 물기를 떨쳐 내려고 몸을 세차게 흔들어요.

제비의 깃털 옷

털이 있는 동물도 비를 어느 정도 견뎌 내요. 털에는 기름기가 많아서 빗방울이 또르르 흘러내리거든요. 사실 우리 인간도 똑같아요! 하지만 우리는 기름이 떡 진 머리를 더럽다고 거의 매일 감아요. 그러다 보면 기름기가 다 빠져 버리죠. 보기에는 좋을지 몰라도 비가 내릴 때 그리 실용적이지 않아요. 다행히 우리한테는 우산이랑 비옷이 있어요! 동물은 샴푸를 쓰지 않으니까 가벼운 비가 내릴 때는 그 털이 빗물을 잘 막아 주어요. 세찬 비가 내릴 때 노루는 울창한 나무 밑, 빗물이 덜 들이치는 곳에 서 있어요. 해가 다시 나오면 곧장 가까운 숲속의 빈터로 달려가 거기서 털을 말려요.

사람들은 매서운 추위가 곤충한테 아주 나쁘다고 생각해요. 하지만 추운 겨울보다 따뜻하고 습기가 많은 겨울이 곤충한테 더 나빠요. 아주 불편하지요. 겨울이면 모기와 딱정벌레는 나무껍질 아래나 나뭇잎 속에 누워서 겨울잠을 자는데, 비가 내리면 여기에도 습기가 점점 차올라요. 그런 날씨를 좋아하는 건 따뜻한 데서 잘 자라는 균류(*버섯, 효모, 곰팡이 등 스스로 양분을 만들지 못해 다른 생물에 기생해서 사는 하등 생물)이지요. 균류 가운데 몇 종류는 동물의 몸속이나 몸 위에서 잘 지내요. 곤충은 그런 균류에 맞설 수 없어요. 곰팡이가 몸에 기생하면 치명적이라 곤충들은 그냥 다른 데 가서 살아요. 어차피 겨울잠을 자는 중이라 장소는 별 상관없으니까요.

96

비를 잘 견디지 못하는 동물도 있어요. 지렁이가 대표적이에요. 지렁이는 땅속 3미터 깊이까지 구멍을 파 놓고 그 안에 살아요. 이 구멍이 무너지지 않고 잘 유지되도록 점액을 많이 발라 놓지요. 땅 밑 구멍 속에는 숨쉬기에 충분한 공기가 있어요. 하지만 비가 내리면 상황이 달라져요. 비가 한꺼번에 많이 내리면 땅속의 구멍에는 물이 꽉꽉 들어차요. 지렁이가 파 놓은 구멍도 예외가 아니라서 지렁이는 얼른 밖으로 나가서 신선한 공기를 마셔야 해요. 이럴 때 사람들은 어딜 가나 지렁이를 볼 수 있어요. 지렁이가 떼를 지어 밖으로 기어 나오니까요. 비에 젖는 게 좋아서 나오는 게 아니에요. 오히려 정반대지요. 자칫하다 물에 빠져 죽을까 봐 나오는 거예요! 그나저나 지렁이는 날씨가 나빠지리라는 사실을 어떻게 알까요? 간단해요. 빗방울이 땅에 처음 떨어지는 소리만 들어도 지렁이는 비가 얼마큼 오리란 걸 딱 느낄 수 있거든요. 그래서 바깥으로 기어 올라갈 시간이 충분하지요.

들쥐도 몸이 비에 젖는 걸 싫어해요. 비를 맞으면 으슬으슬 추워지니까요. 들쥐는 땅속에 방과 복도가 있는 굴을 파 놓고 그 안에 살아요. 비가 한꺼번에 많이 내리면 복도에 물이 흘러넘쳐서 위험해져요. 하지만 들쥐는 얼마나 영리한지, 복도가 처음에는 아래를 향하다가 다시 위로 꺾어지도록 짓는답니다. 물은 위로 거슬러 흐르지 않으니까, 대부분 안전하지요. 하지만 거센 폭풍우가 몰아칠 때는 물이 너무 많이 들어와서 그것도 소용없어요. 그럴 때 들쥐는 지렁이처럼 바깥으로 피해요. 바깥에서도 완전히 안심할 수는 없어요. 작은 동물을 잡아먹으려는 말똥가리 같은 새가 들쥐를 노리고 있으니까요.

### 따라 해 보세요!

지렁이를 보고 싶다면, 지렁이를 밖으로 끌어낼 방법이 있어요. 막대기 두 개를 들고 북을 치듯 땅바닥, 그러니까 잔디밭이나 꽃밭 위를 10분 동안 두드려 보세요. 시간이 흐르면 지렁이가 비가 오는지 알아보러 밖으로 나올 거예요. 바닥을 치는 소리가 빗방울 소리랑 비슷하게 들리거든요. 지렁이는 날씨가 좋다는 걸 알아차리면 다시 구멍 속으로 사라져 버려요.

# 추워도 외투를 안 입어요

날씨가 추워지면 우리는 더 따뜻한 옷을 꺼내 입어요. 그리고 바깥에 있으면 춥고 불편하기 때문에 여름보다 더 많은 시간을 집 안에서 보내지요.

이 개는 주위가 온통 눈과 얼음으로 덮여 있어도 겨울털 덕분에 아주 따뜻하답니다. 겨울털이 그리 오래 필요하진 않아요. 곧 봄이 올 테니까요. 겨울털이 이미 빠지기 시작했네요.

**동**물도 겨울에는 몸을 데워 줄 옷이 필요해요. 물론 동물은 옷을 입지 않으니까 옷을 갈아입을 수는 없어요. 하지만 우리와는 달리 많은 동물은 털이나 깃털로 몸을 감쌀 수 있지요. 여름에는 바람이 피부에 더 많이 닿을 수 있게 털이나 깃털이 듬성듬성 나요. 동물들이 더위를 좀 더 잘 식힐 수 있게요. 가을이 되어 날씨가 쌀쌀해지면 새로운 털이나 깃털이 나요. 전에 나 있던 털보다 훨씬 더 촘촘하고 폭신폭신해서 몸을 따뜻하게 지켜 주지요. 마치 점점 더 두꺼운 겉옷을 걸치는 것과 비슷해요. 노루나 여우나 까마귀는 이 시기에 조금 부스스해 보여요. 예전의 털이나 깃털이 빠지는 동안, 그 아래에선 벌써 새로운 털이나 깃털이 나고 있으니까요.

**겨**울이라도 날마다 똑같이 추운 날이 계속 이어지지는 않아요. 때로는 햇볕이 쨍하게 나는 따뜻한 날이 있어요. 이렇게 따뜻한 겨울날에는 대부분의 동물이 유난히 물을 많이 마셔요. 동물 대부분은 땀을 흘리지는 못하지만 몸이 아주 따뜻해지면 갈증을 많이 느끼거든요.

**무**당벌레 같은 작은 동물도 겨울을 나는 게 힘들어요. 하지만 힘든 이유가 추위 때문만은 아니에요. 따뜻한 겨울이 더 문제이지요. 우리한테는 추운 게 안 좋지만 곤충들한테는 그리 나쁘지 않거든요. 가을에 기온이 내려가면 동작이 조금 느려질 뿐이에요. 곤충들은 우리나 노루를 비롯한 다른 포유류와 달라서 몸이 저절로 데워지지 않아요. 우리는 날씨가 너무 추우면 몸을 떨기 시작하고 그럼 몸이 다시 따뜻해져요. 무당벌레 같은 종류의 딱정벌레들은 그럴 수 없어요.

무당벌레를 비롯한 곤충들의 체온은 언제나 주위 기온보다 조금 높아야 해요. 그래서 겨울이 되어 날씨가 추워지면 곤충들은 나무껍질 아래나 오래된 나무 밑 틈에 기어 들어가요. 그 안에 있으면 바깥에 있을 때보다 조금은 더 따뜻하니까요. 때로는 거기도 너무 추워서 물이 얼어붙을 지경이 돼요. 얼음은 물보다 부피가 커요. 추운 겨울에 유리병에 물을 가득 담아 바깥에 두면 물이 꽁꽁 얼면서 부피가 커져 병이 깨져 버리잖아요. 무당벌레를 비롯한 딱정벌레들의 체액은 몇 가지 성분이 더 들어 있을 뿐 물이랑 별로 다를 바가 없어요. 만약 딱정벌레가 추위에 꽁꽁 얼어붙으면 체액이 부풀어 올라 결국 몸이 터져서 죽어 버릴 거예요. 하지만 딱정벌레에게도 그런 일을 막을 요령이 있어요. 아주 순수한 물은 기온이 0℃보다 낮을 때 얼어요. 그래서 딱정벌레는 겨울잠을 자기 전에 체액을 순수한 물에 가깝도록 다시 한번 화장실에 가서 속을 비워 낸답니다. 또 만약의 경우에 대비해서 몸에서 체액이 어는 것을 막아 주는 아주 적은 양의 알코올을 만들어 내요. 딱정벌레가 그 알코올에 취하는지 아닌지, 아쉽지만 그건 아저씨도 잘 모르겠어요.

얼음이 꽁꽁 얼 정도로 추운 겨울날에도 고목나무 줄기 속 깊숙한 곳은 좀처럼 물이 얼지 않아요.

그러니까 날씨가 추워진다고 해도 딱정벌레는 아무 문제 없어요. 오히려 중간에 날씨가 갑자기 따뜻해지면 문제가 생겨요. 겨울잠에서 일찍 깨어나 이리저리 기어다니게 되거든요. 움직이다 보면 배가 고파지는데 아직 겨울이라서 먹을 게 많지 않아요. 겨울에는 나뭇잎이 다 떨어지고 그나마 남은 것도 다 갈색이잖아요. 게다가 공기 중에 습기가 많을 때는 여러 가지 병이 쉽게 번져요. 그래서 무당벌레를 비롯한 곤충은 겨울에 눈이 많이 내릴 정도로 추운 날씨가 오래 지속되는 것을 좋아해요. 내내 겨울잠을 자다가 봄이 왔을 때 건강하고 가뿐하게 잠에서 깨어날 수 있으니까요.

## 함께 해 봐요!

추운 겨울날, 곤충이 여러분 방에 잘못 들어와서 헤매고 있을 때가 종종 있어요. 곤충한테는 여러분 방이 너무 더워서 별로 좋지 않아요. 사실 지금 바깥에서 한창 겨울잠을 자고 있어야 하거든요! 곤충들이 얼른 밖으로 나갈 수 있도록 도와주세요. 나무 아래 낙엽 속이나 장작더미 속에 놓는 게 가장 좋아요. 거기라면 몸이 젖지 않고 보송보송하게 지내다가 봄이 오면 다시 밖으로 날아갈 수 있어요.

# 더위 식히기

동물은 대개 따뜻한 날씨를 좋아해요.
북극곰이나 추위에도 끄덕없지 누가 추운 데서
살고 싶겠어요? 그렇지만 여름에 기온이 30도를 넘으면
대부분의 동물은 살기 힘들어져요.

멧돼지한테 진흙은
더러운 게 아니라
목욕물 같은 거예요.

**여**러분에게 어느 정도 더위는 문제없어요. 그냥 땀을 흘리면 피부가 젖고 몸이 식어요. 하지만 동물들은 대부분 땀을 흘릴 수 없어요. 까마귀도 그렇답니다. 게다가 까마귀는 깃털마저 검은색이라 햇볕을 받으면 갈매기처럼 밝은 색깔의 새보다 더 빨리 뜨거워져요. 그럴 때 더위에서 벗어나는 방법이 두 가지 있지요. 시원한 그늘로 날아가거나 주둥이를 활짝 벌리고 헐떡이는 거예요. 몸속이 바깥 공기보다 더 뜨겁기 때문에, 숨을 헐떡이면 공기가 드나들면서 몸을 식혀 주거든요. 개도 그렇게 해요. 혀를 밖으로 길게 늘어뜨리고 심하게 헐떡거려요. 혀는 늘 젖어 있기 때문에, 그렇게 헐떡이면 몸이 굉장히 빨리 식어요.

**온**몸이 늘 촉촉하게 젖어 있어야 하는 동물한테는 뜨거운 햇볕이 위험해요. 그런 동물은 몸이 바싹 마르면 금방 죽어 버리거든요. 도롱뇽은 그래서 밤이나 비 오는 날에만 돌아다니고 낮에는 축축한 땅속에 구멍을 파고 들어가 있어요. 썩은 나무줄기도 도롱뇽이 몸을 숨기기에 좋은 곳이에요. 스펀지처럼 물을 저장하거든요. 썩은 나무줄기 아래는 건조한 여름날에도 촉촉하고 시원해요.

**달**팽이는 땅을 그리 잘 파지 못해요. 특히 집을 지고 있을 때는 어디를 가나 그 집이 걸리적거리지요. 그래도 뜨거운 날 몸이 바싹 마르면 안 되니까 달팽이는 집 안 깊숙이 쏙 들어가서 입구를 점액질로 막아 버려요. 그 점액질이 말라붙으면 식품 보관용 비닐 같은 작용을 해요.

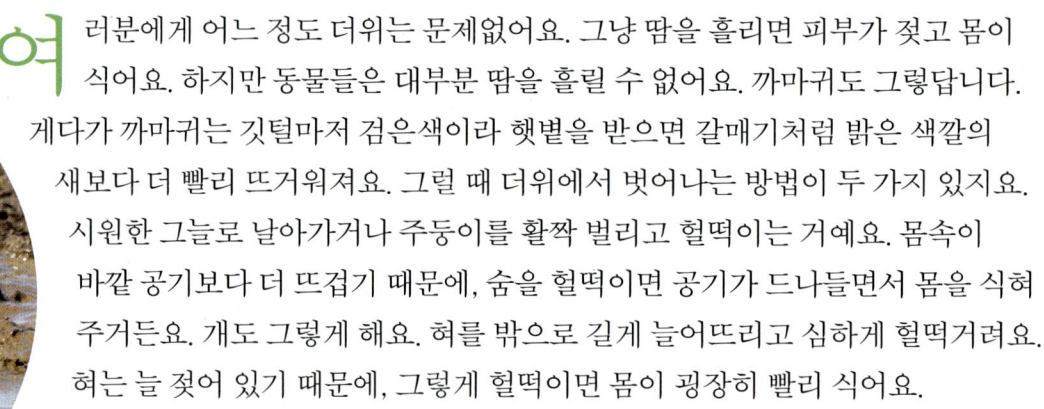

100

**꿀** 벌한테는 완전히 다른 문제가 있어요. 벌집 속 육각형 구조물은 밀랍으로 만들어져 있어요. 날씨가 너무 더워지면 녹아내릴 수 있지요. 그런 일이 일어나지 않도록 많은 벌이 입구에 모여서 날개를 파닥거려요. 마치 벌집이 울리는 것 같은 소리가 멀리까지 들리지요. 이렇게 해서 선풍기를 틀어 놓은 것처럼 시원한 공기를 벌집 안으로 들여보내요. 게다가 벌들은 벌집에 물도 뿌려요. 바람이 그 위를 스치고 지나가면 벌집이 식지요.

**몇** 동물은 땀을 흘리기도 해요. 말은 날씨가 너무 더워지면 땀에 흠뻑 젖어요. 땀을 많이 흘리면 목도 많이 마르게 마련이에요. 그래서 말은 더울 때 유난히 물을 많이 찾아요. 우리와 비슷하지요?

**멧** 돼지한테는 더위를 식히는 방법이 따로 있어요. 진흙 목욕을 하는 거예요. 작은 웅덩이나 숲속의 샘, 어디나 좋아요. 중요한 건 거기에 진흙이 있다는 거지요. 돼지는 그 안에 들어가 몸을 이리저리 굴려서, 진흙을 몸에 묻혀요. 그러면 진흙이 마르면서 몸도 식어요. 그러다 다시 더워지면 진흙 구덩이에 들어가 또 한판 시작해요.

**물** 에 사는 동물은 땀을 흘리지 않고 목욕도 필요 없어요. 물속에서는 이미 젖어 있으니 땀을 흘려 봤자 아무 소용이 없지요. 날이 더울 때 물고기는 그냥 좀 더 깊은 물속으로 들어가요. 깊은 물속은 더 시원하거든요.

### 여름 음악회

귀뚜라미는 살아 있는 온도계나 마찬가지예요. 우리는 그저 귀만 기울이면 되지요. 귀뚜라미는 기온이 12℃ 이하일 때는 아무 소리도 내지 않고 조용해요. 기온이 12℃일 때부터 아주 천천히 찌르륵거리기 시작하지요. 온도가 올라갈수록 찌르륵거리는 소리가 더 빨라진답니다. 여러분이 온도계의 눈금과 찌르륵거리는 소리의 속도를 비교하면서 기온 알아맞히기 연습을 많이 하다 보면, 언젠가는 온도계가 없어도 지금 기온이 얼마나 되는지 알 수 있을 거예요.

### 함께 해 봐요!

뜨거운 여름날, 동네 주민들이 가로수를 챙겨 준다면 정말 좋을 거예요. 나무는 아주 많은 물이 필요해요. 오랫동안 비가 내리지 않으면 목이 마르지요. 집 근처에 있는 나무에 물을 주는 것은 여러분도 충분히 할 수 있는 일이에요. 물뿌리개와 물만 있으면 돼요. 가로수가 무척 크다면 물뿌리개를 한 번만 채워서는 충분하지 않아요. 잇달아 여러 번 물을 길어다 나무줄기 주위에 뿌리는 게 좋아요.

# 돌처럼 딱딱한 비

여름에 무더운 날씨가 오랫동안 이어지다가 갑자기 높은 먹구름이 우뚝 솟아오를 때가 있어요. 그런 구름은 비뿐만 아니라 우박까지 몰고 오기도 해요. 그러면 많은 동물들이 위험에 처한답니다.

**먹**구름이 하늘 높이 솟아오르는 건 그 아래 있던 세찬 바람이 높이 올라가면서 구름을 점점 더 높이 띄우기 때문이에요. 어떤 동물은 이 현상을 아주 마음에 들어 해요. 말똥가리가 바로 그런 동물이에요. 말똥가리는 두꺼운 구름 밑의 공기가 위로 올라갈 때 그 흐름을 타고 자기도 같이 올라가요. 그럼 날갯짓을 그리 많이 할 필요가 없어서 하늘 높이 올라가도 힘이 많이 들지 않거든요. 말똥가리는 높은 곳에서 들판을 내려다보는 걸 좋아해요. 그러면 모든 게 한눈에 다 보이고 지금 생쥐가 어디 있는지 금세 알아챌 수 있지요. 말똥가리는 자기가 가장 좋아하는 먹이를 냉큼 잡아채려고 재빨리 밑으로 날아가기만 하면 돼요.

## 따라 해 보세요!

우박이 내린 다음 낱알 하나를 집어서 찬찬히 살펴보세요. 여러 층으로 이루어진 게 보이나요? 우박의 낱알은 먹구름 속에서 하늘 높이 올라갔다가 다시 아래로 내려와요. 하지만 바닥에 떨어지기 전에 다시 구름에 휩쓸려 올라가지요. 그럴 때마다 낱알 주위에 빗방울이 더 달라붙어서 다시금 새로이 얼어요. 이 낱알이 너무 무거워져서 먹구름이 품을 수 없을 때가 되면 비로소 우박으로 쏟아져 내린답니다. 낱알에 남아 있는 층은 이 우박 덩이가 먹구름 속에서 몇 번이나 오르락내리락했는지 보여 주지요.

102

**모**든 동물이 먹구름을 좋아하는 건 아니에요. 먹구름이 끼면 비가 세차게 쏟아질 때가 많으니까요. 때로는 우박도 떨어지지요. 우박은 빗방울이 얼어서 만들어진 얼음덩어리예요. 보통은 콩보다 크지 않지만 때로는 정말 커다래져서 여러분 주먹만큼이나 큰 얼음덩어리도 있어요. 동물들이 이런 얼음 조각에 맞는다면 큰 상처를 입을 수 있어요. 동물들은 우박이 쏟아질 때 어떻게 자신을 지킬 수 있을까요? 여우와 오소리는 얼른 굴속으로 피하면 되니까 괜찮아요. 노루, 사슴, 멧돼지한테도 우박이 그리 나쁘지 않아요. 나무와 덤불 아래 서 있으면 우박은 우선 가지와 잎에 부딪치거든요. 그럼 속도가 줄어서 동물을 힘껏 때리지 않아요. 물론 조금 아프기야 하겠지만요. 토끼는 운이 좋기만 바랄 뿐이에요. 풀밭과 들판에 사는 토끼가 대체 어디에 숨겠어요?

### 쥐들이 만든 통로

풀밭과 숲에 쌓인 눈이 녹으면 지난겨울 쥐가 어디에 통로를 만들었는지 알아볼 수 있어요. 그 흔적이 풀밭을 꿰뚫고 지나가지요. 풀을 베어 먹은 다음 다시 자라서 풀이 더 짧은 데가 쥐가 돌아다닌 곳이랍니다.

**똑**같이 빗방울이 얼어붙은 거지만 우박보다 더 아름다운 게 있어요. 바로 눈이에요. 여러분도 눈을 좋아하나요? 눈은 한꺼번에 많이 내릴수록 더 좋아요. 적어도 썰매를 타려면 말이에요. 하지만 눈이 너무 많이 내리면 노루와 사슴은 먹이를 찾기가 어려워져요. 그래서 눈이 많이 내리면 하루 종일 가만히 서서 꾸벅꾸벅 졸기만 하지요. 그러면 그렇게 빨리 배가 고프지 않으니까요.

**멧**돼지도 눈이 처음 내릴 때는 이리저리 싸돌아다니지 않아요. 울창한 덤불 속에 숨어서 다시 햇빛이 나길 기다리지요. 덤불은 지붕 같은 역할을 해요. 돼지가 덤불 속에 서 있으면 몸에 눈송이가 그리 많이 떨어지지 않아요. 눈송이가 따뜻한 털 위에서 녹으면 털을 적시게 마련이라 추워지거든요. 그래서 돼지는 눈송이가 떨어져 나가도록 이따금 몸을 흔들어요.

**쥐**한테 눈은 아주 멋진 기회예요. 눈 더미 아래에 통로를 만들 수 있으니까요. 그 통로로 자신을 잡아먹는 새들의 눈에 띄지 않고 이리저리 마음껏 돌아다닐 수 있답니다. 그러니까 쥐들은 겨울이 길고 눈이 많이 내리면 분명 좋아할 거예요.

# 동물들이 위험해요

때로 숲은 동물들에게 아주 위험해요. 특히 거센 폭풍이 몰아칠 때가 그래요. 하지만 동물들에게 가장 큰 위험은 바로 우리 인간이에요. 너무 빨리 달리는 자동차, 숲에 버린 쓰레기, 풀밭에 있는 독성 물질, 울타리의 철조망 등 동물을 해치는 많은 것이 인간의 작품이지요.

# 동물은 신호등을 몰라요

큰 찻길을 건너려면 어떻게 해야 할까요?
여러분은 잘 알 거예요. 먼저 횡단보도나 신호등이 어디 있는지
찾아야 해요. 그래야 안전하게 맞은편으로 건너갈 수 있지요.

**하**지만 동물한테는 세상이 다르게 보여요. 동물은 횡단보도나 신호등을 몰라서 그냥 아무 데서나 길을 건너요. 그런 행동은 사람에게도 위험하지만 동물에게도 무척이나 위험해요! 독일에서만 해마다 노루나 멧돼지 같은 커다란 들짐승한테 20만 건 이상의 교통사고가 일어나요. 한국에서도 2020년 이전 5년 동안 고라니, 멧돼지, 너구리 등이 고속 도로에서 차에 치이는 교통사고가 총 9800여 건이나 일어났어요.

**그**렇게 많은 동물이 차에 치이지 않게 하려면 어떻게 해야 할까요? 차를 천천히 운전하면 돼요! 노루나 사슴이나 멧돼지는 대개 밤에 움직이니까, 특히 밤에 숲 근처 도로를 달릴 때는 자동차 속도가 시간당 60킬로미터를 넘지 않도록 해야 해요. 그 정도 속도라면 커다란 동물이 갑자기 도로에 뛰어든다고 해도 너무 늦지 않게 차를 멈출 수 있어요. 그리고 경적을 울려 동물이 길에서 나가도록 해야 해요. 자동차 전조등을 환하게 비추면 동물이 눈이 부시니까 굉장히 당황해요. 그럼 그냥 그 자리에 멈춰 서고 말지요. 아무것도 보이지 않으니까요. 운전자가 차를 제때 멈출 수 있다면 다행이지요! 그리고 동물들이 지나다니는 동물의 길인 생태 통로를 만들어 주어야 해요.

**쥐**나 두꺼비 같은 작은 동물은 길을 건너는 게 더 위험해요. 자동차에 앉은 운전자에게는 잘 보이지 않거든요. 게다가 두꺼비는 느릿느릿 동작이 느려서 그렇게 빨리 맞은편으로 건너가지 못해요.

여러분은 두꺼비가 큰 찻길을 잘 건너도록 도울 수 있어요. 그때는 반드시 장갑을 끼거나 두꺼비를 만진 다음 곧장 손을 깨끗하게 씻어야 해요. 두꺼비는 피부를 통해 독소를 내뿜거든요.

두꺼비는 주로 비가 내리는 밤에 움직이기 시작해요. 민감한 피부가 햇볕에 바싹 마르지 않고 촉촉한 채 남아 있도록 그러는 거예요. 한번 볼까요? 두꺼비 수백 마리가 한꺼번에 길을 떠나요. 그렇게 움직이는 동안 여기저기서 큰 찻길을 건너야 하죠. 낮이나 밤이나 도로에 차가 많이 다니기 때문에 대부분의 두꺼비는 타이어에 짓눌리고 말아요.

하지만 다행스럽게도 두꺼비가 항상 멀리 돌아다니는 건 아니에요. 내내 조심하지 않아도 된다는 뜻이랍니다. 일 년에 딱 두 번, 몇 주 동안만 비교적 먼 길을 떠나니까요. 봄에는 눈이 녹자마자 자기가 태어난 연못이나 호수를 찾아가요. 거기서 알을 낳은 다음 원래 살던 정원이나 숲으로 되돌아오지요. 가을이면 어린 두꺼비를 비롯해 개구리, 도마뱀, 도롱뇽 등등이 다 물에서 빠져나와 숲으로 들어가 땅속이나 오래된 썩은 나뭇가지 아래서 겨울을 나요. 이 시기 날씨가 끄물끄물할 때 자동차를 운전하는 사람들이 조금만 주의한다면 이 작은 동물들에게 끔찍한 일이 그리 많이 일어나지 않을 거예요.

환경 운동가들은 두꺼비가 모두 한꺼번에 움직이면 두꺼비를 구하기에 더 좋다고 생각해요. 두꺼비 이동 시기가 되면 도로에 두꺼비가 득시글거리는데, 그럼 자동차가 아무리 천천히 달린다 해도 무사할 리가 없지요. 두꺼비가 워낙 많아서 차가 그걸 피해 다닐 틈이 전혀 없으니까요. 그래서 이 시기에 독일의 환경 운동가들은 이런 길을 따라서 나지막한 보호 울타리를 세워요. 그리고 그 울타리 옆에 몇 미터 간격으로 양동이를 땅속에 묻어 놓지요. 두꺼비가 울타리를 뛰어 넘어가려다 양동이 속에 빠진답니다. 그럼 자원봉사자들이 양동이를 가지고 길 건너편에 가서 두꺼비를 풀어 주는 거예요. 한국에서는 두꺼비를 위한 생태 통로를 만들어 두꺼비가 무사히 목적지로 갈 수 있게 돕지요. 여러분도 이런 일을 해 보고 싶나요? 여러분이 사는 지역의 환경 단체에 문의해 보세요. 도움이 필요한 두꺼비는 어디에나 있으니까요.

## 잠깐만! Schau mal!

### 호두까기 자동차

일본에는 아주 영리한 까마귀가 한 마리 있어요. 그 까마귀는 자동차를 무서워하지 않고 오히려 호두 껍데기를 까는 데 이용한답니다! 이 까마귀는 자동차가 빨간 신호등에 걸려 멈추면 횡단보도에 호두를 던져요. 초록 신호등이 켜지고 자동차가 그 위를 달려가면 호두가 짓눌리면서 팍팍 튀어 오르지요. 또다시 빨간 신호등이 켜지면 뒤에 오던 자동차는 멈춰 서야 해요. 이제 까마귀는 횡단보도에 흩어진 호두를 찬찬히 모아서 알맹이만 쏙쏙 먹을 수 있어요.

## 퀴즈 Quiz

개나 고양이가 신호등을 보고 빨간불이 켜졌는지 알 수 있을까요?

🍃 네, 개와 고양이는 빨간색을 알아요.

🍃 아니요, 개와 고양이는 어떤 게 빨간색인지 몰라요.

정답: 개와 고양이는 빨간색과 초록색이 아주 비슷하게 보여서 구분할 수 없어요. 빨간색이나 초록색보다는 더 밝은지 어두운지를 보고 구분하는 거예요.

## 숲이 위험해져요

숲은 동물한테 대체로 아주 좋아요. 숲에서 동물들은 언제나 신선한 공기를 마시면서 자유롭게 살 수 있어요. 가족과 친구들도 가까이 있지요.

때로는 거센 폭풍에 숲 전체가 완전히 뒤집어지기도 해요.

하지만 때로는 숲이 위험해져요. 하늘에 두꺼운 먹구름이 끼고 폭풍우가 다가올 조짐이 보일 때예요. 폭풍이 불면 나무 꼭대기, 우듬지 사이로 바람이 몰아치다가 굵은 가지가 우지끈 뚝뚝 부러져 떨어져요. 떨어지면서 동물을 맞히기도 해요. 우리는 그런 날씨에 집 안에 들어가 있으면 돼요. 하지만 동물들은 숲이 집이에요. 그저 운이 좋아서 떨어지는 나뭇가지에 맞지 않기만 바랄 수밖에 없어요.

아주 드문 일이지만 폭풍이 태풍이 되기도 해요. 이럴 땐 바람이 어찌나 거센지 뿌리째 뽑혀 쓰러지는 나무가 많아요. 오소리와 여우는 땅 밑에 있는 굴로 쏙 들어가 세상이 다시 조용해지길 기다려요. 노루, 사슴, 멧돼지는 굴이 없어요. 기껏해야 나무들이 없는, 가장 가까운 들판으로 얼른 달려가지요. 하지만 거기에는 다른 문제가 있어요. 사방이 탁 트인 들판은 멀리 떨어진 곳에서도 잘 보여요. 늑대한테도 잘 보인다는 말이지요. 먹잇감을 노리는 늑대에게는 좋은 일이지만 노루 같은 동물에게는 치명적이죠. 늑대는 폭풍우가 칠 때 들판에 있는 동물에게 살금살금 몰래 다가갈 수 있어요. 숲이 시끄러우니까 누군가 다가오느라 나뭇잎이 바스락거리고 나뭇가지가 뚝뚝 부러져도 동물들은 그 소리를 듣지 못하거든요. 그래서 노루 같은 동물들은 덤불 사이 안전한 곳에 머무르면서 가능한 한 움직이지 않아요. 자꾸 움직이면 눈에 잘 띄기 때문이지요.

**동**물들이 더욱 힘들어질 때는 숲에 불이 났을 때예요. 노루, 사슴, 멧돼지는 다리가 길어서 빨리 달릴 수 있어요. 얼른 다른 숲으로 도망치면 그만이에요. 새들도 그리 큰 걱정을 할 필요가 없어요. 멀리 날아가 몸을 피하면 되니까요. 하지만 아직 날지 못하는 새끼가 둥지에 남아 있다면 어떡하죠? 거미나 개미처럼 날 수 없는 작은 동물들은요? 그런 동물들에게 산불은 치명적이에요.

**하**지만 어떤 나무들한테는 거대한 산불이 좋은 기회가 된답니다. 자작나무, 버드나무, 미루나무는 울창한 숲에서는 잘 자라지 못해요. 이런 나무들은 너도밤나무나 떡갈나무처럼 크게 자라지 못하기 때문에, 그런 나무가 많은 숲에서는 빛을 충분히 받지 못하거든요. 그래서 너도밤나무나 떡갈나무에 맞설 기회도 거의 없지요. 하지만 자작나무, 버드나무, 미루나무 같은 나무들의 씨는 가볍고 털이나 날개 같은 게 있어 바람을 타고 아주 멀리, 100킬로미터가 넘게 날아갈 수 있어요. 그 씨가 산불이 휩쓸고 간 땅에 떨어진다면 거기에서는 아무 방해도 받지 않고 마음껏 자랄 수 있지요. 자라는 걸 방해할 너도밤나무나 떡갈나무가 없으니까요.

**불**의 반대는 물이에요. 때로는 물이 너무 많아지기도 해요. 세찬 비가 오랫동안 쏟아지거나 아주 많은 눈이 한꺼번에 녹으면 시내와 강에는 갑자기 물이 너무 많이 흐르게 돼요. 물 높이가 높아져서 가장자리까지 넘치고 때로는 주위에 있는 땅이 물에 잠기기도 해요. 이런 일도 천천히 일어난다면 동물에게 그리 나쁘지 않아요. 그냥 높은 언덕 위에 올라가서 물이 다시 빠질 때까지 기다리면 그만이지요.

**하**지만 너무 많은 물이 갑자기 밀려들면 동물들은 어쩔 수 없이 헤엄을 쳐야 해요. 노루, 사슴, 멧돼지는 비록 내키지 않아도 곧잘 헤엄을 치니까 큰 문제가 없답니다. 고슴도치나 쥐처럼 작은 동물들이 어려움에 처하지요. 그런 동물들은 헤엄을 칠 수 있지만 물살이 너무 거세지면 물에 빠지기 십상이거든요. 그래서 강 주위에 울창한 숲이 있는 게 좋아요. 나무는 물이 천천히 흐르게 하고 동물들이 꼭 붙잡고 다시 마른 땅으로 갈 수 있는 기회를 주니까요.

### Schau mal! 잠깐만!

**폭풍 피해**

어디선가 옮겨 심은 나무는 뿌리가 얕아요. 그래서 땅바닥에 꽉 달라붙을 수가 없어요. 숲에 쓰러진 나무가 있다면 뿌리를 자세히 살펴보세요. 거기 있는 나무는 대개 어디선가 옮겨 심은 것이라서 뿌리가 접시처럼 납작한 경우가 많아요. 땅에 떨어져 스스로 씨앗을 틔우고 자라난 나무는 뿌리를 깊이 내리지요.

### Quiz 퀴즈

사슴 가운데 가장 큰 말코손바닥사슴은 얼마나 멀리 헤엄칠 수 있을까요?

- 100미터
- 20킬로미터
- 100킬로미터

정답: 말코손바닥사슴은 20킬로미터까지 헤엄칠 수 있어요. 말코손바닥사슴은 아메리카와 유럽 북부, 시베리아, 몽골에 살아요. 사슴 가운데 가장 덩치가 커요.

## 쓰레기를 치워요!

동물의 세계에는 쓰레기가 없어요. 동물이 살아가는 데 더 필요하지 않은 것은 썩어서 다시 흙으로 돌아가지요.

**물**론 동물도 뭔가 남기는 게 있어요. 예를 들어 먹이를 먹고 나면 찌꺼기가 남지요. 늑대가 멧돼지를 잡아먹으면 뼈가 남아요. 쥐는 뼈를 좋아해서 그걸 열심히 갉아 대지요. 파리도 역시 뼈를 좋아하지만 그 속에 들어 있는 골수를 유난히 좋아해요. 그래서 두어 달이 지나면 늑대가 먹고 남긴 뼈는 흔적도 없이 사라진답니다.

**말**과 소, 사슴이 털갈이를 할 때 빠진 털도 자연에 나쁘지 않아요. 새가 둥지에 그 털을 채워 넣어서 포근하고 따뜻하게 만들어요. 동물의 털을 좋아하는 나방도 있어요. 동물의 털에다 알을 낳으면 애벌레가 알을 까고 나와서 그 털을 맛있게 먹어요.

**하**지만 사람이 만들어 내는 쓰레기는 동물들에게 좋지 않아요. 예를 들어 난방을 적게 해도 집이 따뜻하도록 단열재로 이용하는 유리 섬유는 동물들에게 아주 해로워요. 유리 섬유가 자연 속 여기저기 버려져 있으면 새들은 털인 줄 알고 그것으로 둥지를 지어요. 하지만 유리 섬유는 털과 달리 벌거벗은 새끼 새를 아프게 찔러 대지요. 결국 새끼 새가 죽기도 해요.

바다에 떠다니는 낡은 어망은 바다표범이나 돌고래에게 위험해요. 자칫하면 거기 얽혀 들 수 있거든요.

**더** 큰 문제는 미세 플라스틱이에요. 곳곳에 버려진 플라스틱은 시간이 흐르면 아주 작게 부서져요. 그걸 지렁이가 흙을 먹을 때 같이 먹거나 말벌이 웅덩이에 고인 물을 마실 때 함께 빨아들이지요. 미세 플라스틱은 동물의 몸속에서 동물을 아프게 만들어요. 그 지렁이나 말벌을 새나 고슴도치 같은 더 큰 동물이 먹으면 플라스틱은 그들의 몸에도 들어가요. 언젠가는 모든 동물이 미세 플라스틱을 몸속에 지닐 거예요. 쓰레기를 아무 데나 버리지 않고 적절히 처리하는 게 아주 중요해요. 가장 좋은 방법은 페트병, 비닐봉지 등 미세 플라스틱을 만들어 내는 물질을 아예 쓰지 않는 거예요.

동물들은 쓰레기뿐만 아니라 독극물 때문에 죽을 수도 있어요. 사람들은 애벌레가 옥수수 같은 경작물이나 소나무 같은 목재를 먹어 치우지 못하게 하려고 농약을 뿌려요. 하지만 농약은 애벌레뿐만 아니라 다른 곤충도 다 죽여요. 그게 다가 아니에요. 애벌레를 잡아먹는 새도 먹이가 없어서 굶어 죽어요. 농약을 쓰지 않고 농사를 짓는 농부들이 점점 늘어난다면 이런 끔찍한 일을 막을 수 있을 거예요. 하지만 그건 사람들이 슈퍼마켓에서 값을 더 치르더라도 유기농(*화학 비료나 농약을 쓰지 않는 농사법) 식품을 살 때만 가능해요. 농약 없이 농사를 짓는 사람은 애벌레 같은 동물을 위해서 자기가 벌 수 있는 돈을 일부 포기하는 셈이거든요. 동물은 돈을 내지 않으니까 그만큼 우리가 보상해 주어야 하지요.

## 퀴즈

세계 사람들은 일주일 동안 자신도 모르게 몇 개 정도의 미세 플라스틱을 삼키고 있을까요?

- 20개
- 1000개
- 2000개

정답: 2019년 세계자연기금이 발표한 '플라스틱의 인체 섭취 평가 연구'에 따르면 한 사람이 일주일 동안 평균 2000개 정도의 미세 플라스틱을 섭취한다고 해요. 이를 무게로 환산하면 약 5g에 육박한다고 해요.

때로는 빈 병이나 깡통이 동물을 위험하게 만들 수도 있어요. 거기서 맛있는 냄새가 나니까 여우나 담비 같은 동물이 호기심에 머리를 집어넣을 수 있거든요. 머리를 다시 빼내려고 하면 입구에 꼭 끼어서 빠지지 않지요. 그럼 그 동물은 한동안 깡통을 뒤집어 쓴 채 돌아다녀야 해요. 부디 누군가 그 동물을 발견해서 도와주길! 안 그러면 무엇을 더 먹을 수도 마실 수도 없어요!

쓰레기와 독극물뿐만 아니라 울타리도 위험해요. 아직도 철조망으로 만든 울타리가 많이 남아 있어요. 미처 철조망을 보지 못하고 그냥 지나려다가 심하게 다치는 동물이 종종 있답니다. 그런 철조망에는 철로 만든 가시가 잔뜩 달려 있어서 동물의 살에 깊이 파고들지요. 그래서 울타리를 만들 때 철조망을 사용하지 말아야 하고 혹시 오래된 울타리에 철조망이 설치돼 있다면 철거하는 게 좋아요.

### 함께 해 봐요!

많은 지방 자치 단체, 환경 단체에서 '환경의 날' 무렵 쓰레기 줍는 캠페인을 벌이곤 해요. 굳이 '환경의 날'이 아니어도 수시로 그런 캠페인이 펼쳐지지요. 쓰레기 줍기 캠페인은 누구나 함께 할 수 있어요. 당연히 여러분도요. 사람들은 숲과 들에 난 길을 돌아다니면서 거기 놓인 쓰레기를 다 모아서 처리해요. 우리 모두가 매일이 이런 특별한 날이라고 생각하고 쓰레기를 깨끗하게 치운다면 참 좋을 거예요.

# 너무 더우면 불쾌해져요

어떤 동물이든 자기가 태어나서 자란 고향을 제일 편안해해요. 단지 그곳에 가족이 살기 때문만은 아니에요. 기후 때문이기도 하답니다. 북극곰은 추운 북극을 좋아하고 침팬지는 더운 열대 우림을 좋아해요.

독일과 한국의 날씨는 열대 우림과 북극 날씨의 중간쯤 돼요. 여름에는 무척 더워지죠. 겨울에는 춥고 눈도 내려요. 그 사이사이 비가 자주 내려서 곳곳에 숲과 풀이 자라고요. 독일이나 한국에 사는 동물들은 이렇게 돌아가는 날씨를 좋아해요. 여름에는 먹을 게 많아요. 겨울이 되면 박쥐나 고슴도치 같은 동물들은 긴 겨울잠을 자요. 추운 겨울에 노루나 사슴은 똑바로 선 채 오랫동안 꾸벅꾸벅 졸곤 해요. 철새는 따뜻한 남쪽 나라로 날아가지요. 지난 몇천 년 동안 늘 그래 왔어요.

그런데 얼마 전부터 지구가 점점 더워지고 있어요. 과학자들이 왜 그런지 연구했어요. 자동차 탓도 있고 공장이나 배, 비행기 때문이기도 했어요. 겨울에 춥지 않도록 집을 데우는 난방도 한몫하고 있었고요. 자동차 배기관과 공장, 주택의 굴뚝에서는 이산화 탄소가 흘러나와요. 바로 이 이산화 탄소 같은 기체들이 지구 대기 위에서 두꺼운 이불 역할을 해요. 가스 이불은 지구를 일정한 온도로 유지해 줘요. 이 가스 이불이 없으면 낮과 밤의 온도 차가 너무 클 거예요. 대기를 통과한 후 지구 표면에 흡수되어 지구의 온도를 올린 태양 에너지는 일부는 우주로 다시 빠져나가고 얼마는 이 이불에 걸려서 멈추고 말아요. 그 덕분에 지구가 따뜻한 거예요. 하지만 최근에는 너무 더워져서 탈이에요. 점점 두꺼워진 가스 이불을 빠져나가지 못하는 태양 에너지가 많아졌거든요. 마치 온실에서 따뜻한 공기가 밖으로 나가지 못하는 것과 비슷해요. 그래서 여름이 점점 더워지고 때로는 몇 달 동안 비가 한 방울도 내리지 않아요. 풀밭이 시들시들해지다 못해 말라 버려요. 심지어 나무까지 바짝 말라요. 그럼 동물들은 제대로 먹을 것을 찾지 못하지요.

겨울도 점점 더 따뜻해져요. 이제 눈도 자주 내리지 않아요. 어떤 사람들은 이런 날씨가 춥지 않으니까 동물에게 더 좋을 거라고 생각해요. 하지만 결코

아주 조그만 웅덩이만 있어도 곤충이 물을 마시기에 충분해요. 날씨가 더워질수록 야생 동물은 마실 물을 찾기가 더 힘들어지지요.

그렇지 않답니다. 몹시 추운 겨울날에도 코끝이 쨍하게 맑고 햇볕이 쨍쨍 내리쬐면 동물의 털이 보송보송하니 몸을 따뜻하게 유지시켜 줘요. 그에 반해 겨울에 날씨가 따뜻하면 오히려 바람이 거세고 추적추적 비가 내릴 때가 많아요. 기온도 기껏해야 5도쯤 올라갈 뿐 어차피 제대로 따뜻해지지도 않아요. 비가 내리면 동물의 털이 젖는 데다 바람이 쌩쌩 불면 실제보다 더 춥게 느껴져요. 그러면 그리 쾌적하지 않은 것을 넘어서 많은 동물이 병에 걸리기 쉬워요.

다행히 우리가 한마음 한뜻으로 노력한다면 기후는 다시 변할 수 있어요. 물론 쉬운 일은 아니에요. 우선 비행기나 자동차를 지금처럼 많이 타면 안 돼요. 더 자주 걷거나 자전거를 타고, 버스나 기차를 이용해야 해요. 공장에서 상품을 너무 많이 생산하지 않는다면 공장 굴뚝에서도 연기가 덜 날 거예요. 그러려면 우리가 물건을 적게 사야만 하지요. 우리는 페트병을 한 번만 쓰고 버릴 때가 많아요. 텀블러나 컵을 늘 이용한다면 페트병을 그렇게 많이 만들 필요가 없어요. 그리고 생수를 사기보다는 수돗물을 끓여 마시는 것도 좋은 방법이에요. 집에서 난방을 할 때도 설정 온도를 조금 낮추는 게 좋아요. 그럼 배기통이나 집의 굴뚝에서도 연기가 덜 나올 테니까요.

오랫동안 비가 내리지 않으면 풀이 시들어서 더 자라지 못해요. 그럼 노루는 계속 배고픈 채로 지낼 수밖에 없지요.

이것만으로는 아직 충분하지 않아요. 가스 이불은 아주 오랫동안 대기 속에 있었어요. 다행히 우리한테는 이산화 탄소를 걸러 낼 수 있는 환경 보호 도우미가 있어요. 바로 나무예요! 나무들은 잎으로 이산화 탄소를 들이마셔서 나무 속에 저장하고 대신 산소를 내뿜어요. 우리가 나무를 새로 심고 오래된 나무를 많이 잘라 내지 않는다면 지구는 다시 시원해질 수 있어요.

### 함께 해 봐요!

대부분의 가게에는 여전히 물건을 담아 주는 비닐봉지가 마련되어 있어요. 헝겊으로 만든 장바구니를 들고 다니면서 내가 산 물건을 그 안에 집어넣으세요. 그럼 공장에서 봉투를 새로 만들 필요가 없어져요. 쉬는 시간에 먹을 빵도 한 번 쓰고 버리는 비닐봉지나 종이봉투 대신 여러 번 쓸 수 있는 통에 넣어 들고 다녀요.

# 독특한 동물들-
# 닮은 꼴, 비행 곡예사, 잠수 예술가

동물의 세계에는 놀라운 일투성이예요.
뱀이 아닌 뱀, 물속에서 날아다니는 새, 철새처럼 옮겨 다니는 나방이 있다는 사실을 알고 있었나요?

### 유럽무족도마뱀

유럽무족도마뱀을 독일에서는 눈먼살금이라고 불러요. 눈이 멀지도 않았고 살금살금 몰래 다니지도 않는데 왜 눈먼살금일까요? 이 질문에 대한 답은 이 동물에 대해 사람들이 어떤 오해를 하는지 알면 쉽게 찾을 수 있어요. 많은 사람이 유럽무족도마뱀을 뱀의 한 종류라고 생각해요. 유럽무족도마뱀은 몸통이 약 50센티미터 길이까지 자라고 비늘이 나 있어서 실제로 뱀이랑 아주 비슷해 보여요. 뱀처럼 살금살금 기어다니는데 눈꺼풀이 덮여 있으면 눈 먼 뱀처럼 느낄 수도 있겠지요. 사실 뱀은 눈꺼풀이 없어서 눈을 깜박거리는 일도 없는데 말이에요. 다들 짐작하듯이 유럽무족도마뱀은 뱀이 아니에요! 다리가 없는 도마뱀에 가깝지요. 다리가 없으니까 앞으로 나아가려면 뱀처럼 땅바닥을 스륵스륵 기어가야 해요. 유럽무족도마뱀이 뱀이랑 늘 헷갈리는 것도 그리 놀랍지 않죠.

독일에는 뱀이 무척 드물지만 유럽무족도마뱀은 아주 흔해요. 유럽무족도마뱀을 만난다고 해도 겁먹을 필요가 없어요. 독이 요만큼도 없을뿐더러 어차피 사람을 물지 않으니까요. 그래도 유럽무족도마뱀을 손으로 잡지 않는 게 나아요. 잡은 사람은 괜찮아도 유럽무족도마뱀한테는 고통스러운 일이거든요. 유럽무족도마뱀은 위험에 처하면 자기 꼬리를 잘라 버린답니다. 아무리 아파도 이렇게 해야만 적에게서 벗어날 수 있으니까요. 새가 자기를 잡아먹으려고 할 때 꼬리 끝을 끊고 도망가지요. 잘린 부위만 뒤에 남아서 미친 듯이 움찔거려요. 그럼 새는 유럽무족도마뱀 쫓아가는 걸 다 잊고 거기에 정신이 팔리기 마련이에요.

## 꼬리박각시

곤충 가운데서도 사람들이 곤충이 아니라 완전히 다른 종의 동물이라고 생각하는 게 있어요. 꼬리박각시가 바로 그 주인공이에요. 꼬리박각시는 작은 새랑 닮았어요. 꼬리는 비둘기 꽁지처럼 깃털 모양으로 생겼고 벌새처럼 꽃 앞에 둥둥 떠 있을 수 있어요. 벌새는 꽃잎의 꿀을 먹고 사는 열대 조류인데 꽃 앞에 거의 서 있다시피 붕붕 떠서 기다란 혀를 깊숙이 집어넣지요. 꼬리박각시도 꽃잎 속에 기다란 주둥이를 집어넣어요. 하지만 꼬리박각시는 새가 아니라 나방이랍니다. 먼 비행을 하고 난 다음 여름에 독일의 정원에 나타나지요. 많은 꼬리박각시가 철새들이 그러듯 이탈리아나 프랑스 또는 남부 독일에서 출발해서 노르웨이나 스웨덴까지 계속 날아가요. 자세히 살펴보면 꼬리박각시의 몸에는 깃털이 없어요. 여느 나방들처럼 비늘이나 털이 달려 있는데 그게 폭신폭신할 뿐이지요.

## 물까마귀

어떤 새들은 마치 물고기처럼 행동한답니다. 먹이를 찾아서 하늘로 날아오르는 게 아니라 물속으로 잠수해 들어가지요. 작은 강이나 시냇가에 사는 물까마귀가 바로 그런 동물이에요. 물까마귀는 마치 물고기처럼 작은 게나 곤충의 애벌레를 좋아해요. 물까마귀는 사냥감을 찾기 위해 물속에 머리를 집어넣고 잘 둘러봐요. 건질 게 보이면 물속에서 사냥을 시작한답니다. 물까마귀는 날개를 지느러미처럼 저어서 앞으로 나가요. 더 빨리 가려고 다리까지 버둥거리지요. 조금 다르게 표현하면 물속에서 펭귄처럼 날아간다고 말할 수 있어요. 물속에서 헤엄치는 참새목 새는 물까마귀 딱 하나뿐이에요.

### 따라 해 보세요!

물속에서도 잘 보고 물 바깥에서도 잘 보는 동물이 흔하지는 않아요. 물까마귀는 물속이나 물 밖에서 모두 잘 볼 수 있지만 우리는 그러지 못해요. 직접 실험해 보세요. 욕조에 깨끗한 물을 받아 놓고 머리를 집어넣은 다음 눈을 뜨세요. 눈에 보이는 모든 게 흐릿하지요? 물까마귀는 눈에 유난히 힘센 근육이 있어서 물속에서 우리보다 초점을 더 잘 맞출 수 있어요. 그래야만 물속에서 사냥감을 잡아챌 수 있으니까요.

# 집에 사는 동물들

많은 동물이 야생에서 살아요. 하지만 집 안에서 사는 동물도 있어요. 개나 고양이 말고도 여러분 집이 아늑하다고 느끼는 작은 생물이 수천 마리나 있답니다. 그 생물들은 대개 여러분이랑 좋아하는 게 똑같을걸요. 가족, 배부른 음식, 따뜻한 잠자리 같은 것 말이에요.

## 포로일까, 친구일까?

반려동물은 우리와 함께 집 안에 살아요. 그런데 스스로 좋아서 우리와 함께 살까요, 아니면 우리한테 포로로 잡혀 있는 걸까요? 어떻게 생각해요?

이 문제는 어떤 동물을 어떻게 기르는지가 중요하다고 말하고 싶어요. 개는 한두 주가 지나면 새로운 가족에게 익숙해져요. 물론 개는 우리를 '가족'이라고 부르지 않고 '무리'라고 생각하겠지요. 개는 특수한 형태로 진화하였지만 늑대의 후예니까요. 개는 일단 우리한테 익숙해지면 줄에 묶어 놓지 않아도 곁에 머물러요. 어떤 사람들은 우리가 먹여 살려 주기 때문에 개가 우리 곁에 머문다고 생각해요. 날마다 신선한 먹이와 따뜻하고 보송보송한 잠자리를 제공한다니, 듣기만 해도 좋잖아요. 실제로 그건 도망치지 않을 이유로 충분해요.

하지만 대부분의 개는 가족을 좋아해서 '자기' 사람들 곁에 머물러요. 양치기 개 페로가 아주 좋은 예랍니다. 페로의 원래 주인은 양 떼를 돌볼 개를 구하는 사람들에게 페로를 팔아 버렸어요. 그들은 페로를 차에 태워서 데려갔지요. 페로는 새로운 집에서 내내 슬퍼하다가 어느 날 갑자기 사라져 버렸어요. 새 주인은 페로를 애타게 찾았지만 아무 소용이 없었지요. 그런데 어느 날 놀라운 소식이 날아왔어요. 페로가 원래 주인에게 돌아갔다는 거예요! 페로가 예전 집으로 돌아가는, 300킬로미터가 넘는 길을 어떻게 찾았는지는 아무도 몰라요. 차를 태워 데려갔으니까 길을 기억할 수도 없었을 텐데. 페로의 원래 주인은 이후 다시는 어느 누구한테도 페로를 넘겨주지 않았어요.

**많**은 동물이 외로움을 꺼려요. 개나 고양이는 우리 인간이랑 한 가족이 되지요. 어떤 동물은 자기랑 똑같은 동족과 함께 있어야 편안하게 느껴요. 새나 기니피그, 집토끼나 쥐는 같은 종류의 동물이랑 함께 사는 게 가장 좋아요. 이 동물들은 자기랑 같이 사는 사람도 좋아하긴 하지만, 사람은 가족이 되기엔 충분하지 않아요. 그에 반해 햄스터는 혼자 있길 원해요.

**반**려동물은 원래 야생 동물이었고 대부분 움직이는 걸 좋아해요. 그래서 살아갈 공간뿐만 아니라 마음껏 뛰어다닐 공간도 필요해요. 물론 바깥에 풀어놓는 게 가장 좋지요. 하지만 새들은 바깥에 풀어놓을 수 없어요. 당장 멀리 날아가 버릴 테니까요. 커다란 야외 새집을 만들어서 거기 집어넣는 게 나아요. 기니피그, 집토끼, 쥐도 우리 속에 살아요. 그런 우리는 아무리 커도 충분하지 않아요. 여러분은 혹시 눈치챘나요? 만약 울타리가 없다면 대부분의 동물이 우리 곁에 머무르지 않을 거예요. 하지만 개나 고양이는 풀어놓아도 결국 우리한테 돌아와요. 어쩌면 근처에 큰 길이 없고 이웃에게 폐가 되지만 않는다면 마음대로 돌아다니게 해도 될 정도예요.

**개**와 고양이한테는 좋은 점이 하나 더 있어요. 아무 데서나 배변하지 않는 습관을 들일 수 있다는 거예요. 고양이는 모래 화장실에 익숙해지게 할 수 있고 개는 바깥 풀밭에 볼일을 보게끔 가르칠 수 있지요.

사람들이 산책하다가 실수로 밟지 않도록 반려동물의 주인이 비닐봉지를 들고 다니면서 배설물을 처리하는 건 당연한 일이에요. 다른 동물은 어딘가 다른 곳에 가서 따로 볼일을 볼 수 없어요. 우리 안에서 다 처리해야만 해요. 그래서 우리 청소를 자주 해 주어야 하지요.

> **퀴즈**
>
> 한국에는 반려동물로서 사람과 함께 사는 개와 고양이가 얼마나 많이 있을까요?
>
> 🍃 1000마리    🍃 2만 마리
> 🍃 860만 마리
>
> 정답: 2021년 동물복지실태조사 조사 결과 한국에는 반려동물로서 사람과 함께 살고 있는 개와 고양이가 860만 마리 정도 된다고 해요. 네 집 중 한 집에서 반려동물과 함께 살고 있는 거지요.

# 물속에서 숨 쉬기

물에서 사는 동물을 집에서 관찰할 수 있는 방법이 있어요. 어항을 준비하면 돼요. 어항에 물을 채우고 물고기나 물달팽이나 갑각류를 그 안에 넣고 살피면 물속 생물의 생활을 잘 볼 수 있답니다.

물달팽이는 작은 어항에 특히 잘 맞아요. 물 표면에서 공기를 들이마시기 때문에 물속에 산소가 충분하지 않아도 괜찮거든요.

**어**항에 있는 동물이 감옥에 있는 것처럼 느끼지 않게 하려면 어항이 충분히 커야 해요. 충분히 크다는 게 무슨 뜻일까요? 그건 그 동물이 얼마나 크고 얼마나 빠른지에 달려 있어요. 여러분 방에는 아주 느린, 작은 동물이 딱 맞을 거예요. 물달팽이로 관찰을 시작하는 게 가장 무난하겠지요. 물달팽이는 작은 연못에 많아요. 연못 바닥에 있는 물풀을 먹거든요. 작은 물달팽이를 관찰하기 위해 어항을 따로 구입하지 않아도 돼요. 커다란 유리그릇이 어항이 될 수 있어요. 샐러드 그릇이나 꽃병 같을 것을 써도 좋아요. 달팽이를 운반하려면 잼 병에 담아서 나르면 돼요. 바싹 마르지 않으면서도 공기는 잘 통하도록 젖은 수건으로 감싸 주세요. 아차, 잊지 마세요. 달팽이를 옮기는 병은 뜨거워지면 안 돼요. 또 집으로 운반하는 데 두 시간 이상 걸려도 안 돼요.

**동**물들이 어항에서 살아가려면 더 많은 게 필요해요. 우선 모래가 필요하지요. 게는 헤엄을 치기도 하지만 모래 위에서 기어다니는 것을 더 좋아해요. 물고기처럼 어디 숨는 것도 좋아하고요. 그래서 물풀이 있으면 멋지다고 생각하지요. 돌이나 나뭇가지 같은 것을 넣어도 괜찮아요.

**물**속에서는 어떻게 숨을 쉴까요? 물고기랑 게가 숨을 쉬는 건 여러분이 숨을 쉬는 거랑 비슷해요. 다른 점은 공기가 아니라 물을 들이마신다는 거예요. 그래서 물속에 산소가 충분히 들어 있어야 해요. 산소는 공기의 일부인데, 우리도 그렇지만 동물들이 사는 데도 꼭 필요해요. 산소는 식물이

**퀴즈**

물고기는 멀리 떨어진 다른 연못에 어떻게 갈까요?

- 땅 위에 올라가서 지느러미로 기어가요.
- 물고기 알이 물새의 깃털 틈에 끼여서 이동해요.
- 아주 멀리 뛰어서 가요.

정답: 때때로 물고기 알이 아주 끈끈해서 오리의 깃털 사이에 들러붙어요. 이 깃털이 다른 연못으로 옮겨지면, 알이 깨어나온 물고기는 운이 좋게도 새로운 연못에서 살게 된답니다. 그 연못이 처음 물고기가 태어난 곳과 다르더라도요.

### 따라 해 보세요!

어항이 없어도 물풀이 산소를 만들어 내는 모습을 지켜볼 수 있어요. 유리병에 물을 채우고 녹조류를 조금 집어넣으세요. 녹조류는 초록색 털처럼 보이는 물풀인데, 시내나 연못, 깊은 웅덩이에 있어요. 유리병은 동물을 키우기에는 너무 작지만 식물을 키우기에는 충분해요. 몇 시간 동안 유리병을 지켜보면 녹조류에 조그만 거품이 생겨요. 우리를 비롯한 동물이 숨을 쉴 때 꼭 필요한 산소예요. 거품이 입구 쪽으로 올라가 탁탁 터지면 여러분 방의 공기 속에 섞여 들어가는 거랍니다. 물풀이 만든 산소를 마셔 볼까요?

푸른 잎에서 만들어 내요. 육지에서는 나무들이 산소를 많이 만들어 내지요. 물속에도 산소를 만드는 식물이 있어요. 그러니까 동물이 숨 막히지 않도록 어항에 물풀을 많이 심어야 해요.

**그**밖에도 폭포가 있으면 물속에 산소가 더 늘어나요. 물이 철썩철썩 내리치거나 좍좍 쏟아져 내리는 곳에는 공기가 같이 딸려 들어가지요. 물의 색이 밝아지면서 공기 방울이 뽀글뽀글 생기는 것을 보면 알 수 있어요. 비록 공기 방울은 모두 물 위로 다시 올라가지만 그래도 산소가 조금은 물에 남아요. 물고기랑 다른 수생 동물은 그 산소로 숨을 쉬지요.

**물**론 어항에는 폭포 같은 게 없어요. 하지만 물 밖에서 공기를 빨아들여서 어항 바닥에서 내뿜는 산소 발생기를 설치할 수 있어요. 모두가 산소를 충분히 들이마시려면 어항에 동물이 너무 많아서는 안 돼요.

**수**영장이나 호수에 들어갈 때 물이 좀 차갑게 느껴진 적이 있지요? 사람은 물이 차면 별로 좋아하지 않지만 대부분의 물고기와 게한테는 그게 딱 맞아요. 따뜻한 방에 있는 어항에서 사는 걸 그리 좋아하지 않지요. 그래서 어항에 기르는 물고기는 대개 더운 나라에서 들여와요. 따뜻한 물속에서 살던 물고기 마음에 들려면 어항의 난방을 더 해 주어야 해요. 이제 여러분도 수생 동물을 집 안에서 키우는 게 그리 간단하지 않다는 사실을 알았지요? 동물들이 어항 속에서 편안하게 살려면 무엇이 필요한지 잘 알아 두어야 한답니다.

# 상자 속 자연

땅에 사는 작은 동물을 여러분 방에서 관찰할 수도 있어요.
테라리엄을 사거나 만들면 되지요. 테라리엄이 뭐냐고요?
물이 없는 어항이라고 생각하면 된답니다. 거기에서
작은 동물을 기를 수도 있어요.

**육**상 동물은 기어오르기를 잘해요. 그래서 테라리엄에는 반드시 덮을 수 있는 뚜껑이 있어야 해요. 뚜껑이 없으면 테라리엄을 빠져나온 동물이 방구석 어딘가에 숨을 테니까요. 동물들이 숨이 막히지 않도록 뚜껑에 공기구멍이 두어 개 있어야 하지요. 테라리엄은 햇빛이 비치지 않는 곳에 놓는 게 가장 좋아요. 햇볕이 쨍쨍 비치는 곳에 두면 동물이 살기에는 너무 더워질 테니까요.

**무**엇으로 테라리엄을 만들면 좋을까요? 쥐며느리나 지렁이처럼 작은 동물한테는 잼을 담았던 큼지막한 병이면 충분해요. 더 큰 동물들을 위해서는 애완동물 전문점에 있는 다양한 유리 상자 중에서 고르면 되지요. 지렁이를 키우려면 테라리엄 속에 흙을 넣어야 한다는 것을 잊지 마세요.

**테**라리엄 안에서 기를 동물로는 아주 작고 또 아주 느린 동물이 적당해요. 그래야 동물 스스로 갇혀 있다고 느끼지 않아요. 혹시 그런 동물을 알고 있나요? 맞아요. 달팽이! 달팽이는 비가 내린 다음 숨어 있던 곳에서 빠져나와 정원이나 풀밭에서 먹을 것을 찾지요. 그 가운데 하나를 골라서 테라리엄 안에 집어넣으세요. 달팽이가 먹을 게 충분하도록 달팽이를 발견한 곳 주위에서 자라는 풀잎 몇 장을 뜯어서 갖고 오세요. 달팽이는 더러운 배설물을 많이 만드니까 테라리엄을 자주 청소해 줘야 해요.

이렇게 집이 있는 작은 달팽이는 햇볕이 쨍쨍할 때도 만나 볼 수 있어요. 줄기에 달라붙어서 비를 기다리거든요.

**이**제 여러분 방에서 달팽이가 음식 먹는 모습을 관찰할 수 있어요. 작은 강판처럼 우둘투둘한 혀로 먹이를 오물거리는 게 보이나요? 달팽이가 유리병 속에서 기어오르는 모습을 보면 어떻게 앞으로 나아가는지도 알 수 있어요. 발 역할을 하는 배에 작은 주름이 천천히 나타나지요. 이 주름이 뒤로 이동하면서 앞으로 나아가요.

이미 다 자란 나비와 나방은 테라리엄에 넣어서 키울 수가 없어요. 다치지 않게 잡기도 어렵지만 거기 붙잡혀 있으면 이리저리 날아다니면서 꿀을 찾을 수도 없잖아요. 그러니까 여름에 애벌레가 먹이로 잎을 먹고 있지는 않은지 주변의 식물을 잘 보세요. 아마 밭에서 자라는 배추나 풀밭의 쐐기풀에 붙어 있는 애벌레를 발견할 수 있을 거예요. 애벌레가 앉은 식물의 잎사귀 몇 개를 떼어서 애벌레 한두 마리와 함께 테라리엄에 넣어요. 애벌레는 손으로 만지면 안 돼요. 식물에 꼭 달라붙어 있어서 무리하게 떼어 내려고 하면 자칫 상처를 입거든요. 식물이 말라 버리지 않도록 물을 넣은 조그마한 통에 꽂아 놓아요. 애벌레는 신선한 풀만 먹으니까 식물을 날마다 새로 갈아 주어야 하지요.

애벌레가 점점 더 커지면 애벌레를 둘러싼 껍질이 너무 꽉 끼어서 결국 팍 터져 버려요. 하지만 걱정은 접어 둬요. 애벌레한테는 아무 일도 일어나지 않아요. 그 속에 벌써 새로운 껍질이 들어 있어요. 이렇게 몇 번 허물을 벗고 마지막으로 허물을 벗으면 그 안에 숨어 있던 번데기가 나와요. 이 번데기는 우리가 갖고 노는 인형이 아니라 애벌레가 형태를 완전히 바꾸는 과정 중 한 단계예요. 참을성을 갖고 기다려야 해요. 아무런 변화도 보이지 않은 채 2주에서 4주가 지나면 껍데기가 열려요. 그리고 아직 날개가 작고 쭈글쭈글한 나비가 기어 나온답니다. 곧 이 날개가 보송보송 마르고 반듯하게 펼쳐져요. 그런 다음에야 비로소 날 수 있어요. 이제 이 작은 손님에게 작별 인사를 하고 밖으로 내보낼 시간이 됐어요. 아, 가능하다면 여러분이 한동안 관찰했던 달팽이도 함께 내보내 줘요.

## 달팽이 구경

숲을 돌아다니다가 비가 내리기 시작하면 아주 흥미진진해져요. 나무 여기저기에 달팽이가 나타나거든요! 입술대고둥 같은 달팽이는 집이 길고 뾰족해요. 나무 껍질 위 푸른 층, 녹조류를 먹지요.

숲에 다시 해가 나기 시작하면 달팽이는 그늘진 곳으로 사라져요.

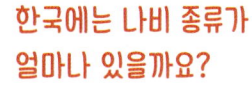

한국에는 나비 종류가 얼마나 있을까요?

🍃 3700여 종   🍃 270여 종

🍃 10만 종

정답은 ②. 한국에는 268종의 나비가 나타나요. (2023년 기준) 나비들이 나타나는 시기에 풀을 잘 관찰하면 운이 좋으면 나비를 볼 수 있어요.

이 애벌레들은 몇 주가 지나면 하얀 나비가 될 거예요.

123

# 집 안에 같이 사는 작은 동물들

많은 작은 동물이 우리가 사는 집에서 아주 편안하게 지내요.
여러분처럼 보송보송하고 따뜻한 것을 좋아하거든요.
게다가 먹을 것도 풍부하지요.

집먼지진드기는 우리 집에서 우리랑 사는 아주 작은 동물이에요. 돋보기나 현미경이 있어야 볼 수 있지요. 좋아하는 먹이가 있는 곳이라면 어디든 자리를 잡는답니다. 집먼지진드기가 뭘 좋아하냐고요? 각질을 제일 좋아한답니다. 피부가 새로워지도록 우리 몸에서 날마다 수천 개씩 떨어져 내리는 각질 말이에요. 특히 침대 속에 수없이 많아요. 집먼지진드기는 아주 많이 먹기 때문에 배설물도 많이 만들어 놔요. 안타깝게도 집먼지진드기 배설물에 알레르기가 있는 사람이 많아요. 그럼 코감기에 걸렸을 때처럼 코로 숨 쉬기가 어려워져요.

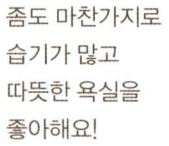

좀도 마찬가지로 습기가 많고 따뜻한 욕실을 좋아해요!

먼지다듬이벌레도 집먼지진드기만큼이나 작아요. 책벌레라고 부르기도 하지만 책을 먹지는 않으니 염려는 붙들어 매요. 하얀 책장 위를 기어갈 때 특히 눈에 잘 띌 뿐이에요. 사실 먼지다듬이벌레는 따뜻하고 습기가 많은 곳을 좋아해요. 방은 대개 너무 건조하지만 욕실은 그렇지 않아요. 습기가 많아서 먼지다듬이벌레가 아주 편안하게 지내지요. 욕실에는 종종 곰팡이가 피는데 그건 먼지다듬이벌레 맘에 쏙 드는 일이에요. 곰팡이는 먼지다듬이벌레가 좋아하는 음식 가운데 하나니까요.

좀은 집먼지진드기나 먼지다듬이벌레보다 조금 더 커요. 은빛으로 반짝이는데, 날개가 달리지 않은 파리 같지요. 좀은 빛을 싫어해요. 그래서 장롱 아래나 양탄자 밑에 숨어 있다가 밤에만 밖으로 나와요. 많은 사람이 좀을 싫어해요. 옷을 갉아서 구멍을 내기 때문이지요. 하지만 좀은 진드기를 좋아하기에 유용할 수도 있어요. 진드기 배설물에 알레르기가 있는 사람은 좀을 보면 기뻐해야 하지요.

좀은 아주 오래 살 수 있어요. 8년까지 산답니다. 곤충치고는 흔치 않은 일이에요. 또 300일, 그러니까 열 달쯤 아무것도 먹지 않고 견딜 수 있어요. 여러분 집에 좀이 있다면 절대 책을 바닥에 그냥 놓아서는 안 돼요. 좀이 책을 갉아서 구멍이 나면 곤란하잖아요.

날씨가 따뜻해지면 파리가 집 안으로 날아 들어와요. 사실 파리가 여러분이랑 같이 살고 싶은 건 아니에요. 그저 창문이 열려 있으니까 잘못 날아 들어와서 방에 도착했을 뿐이에요. 나가는 길을 찾지 못하면 윙윙거리면서 이리저리 날아다녀요. 파리는 바깥이 밝고 집 안이 어두울 때 밖으로 나가는 길을 가장 쉽게 찾을 수 있어요. 빛을 워낙 좋아해서 빛이 나는 방향으로 재빨리 날아가거든요.

파리에 관심이 많은 작은 육식 동물이 있어요. 거의 어느 집에나 다 있는 거미예요. 거미는 파리나 좀 같은 곤충을 잡아먹기에 그런 작은 동물이 많은 곳에서만 살아남아요. 커다란 거미 한 마리가 일 년에 1킬로그램이 넘는 곤충을 먹어 치운답니다! 집 안에 파리가 있는 게 싫다면 거미는 건드리지 말고 가만히 놔두세요.

## 동물·정보

### 의갈류

먼지다듬이벌레와 집먼지진드기가 있는 곳에는 의갈류도 곧 생기기 마련이에요. 의갈한테는 이와 진드기가 아주 맛있는 음식이거든요. 의갈은 전갈이랑 닮았어요. 기다란 두 팔에 집게발이 달려 있지요. 하지만 전갈과 달리 독침이 달린 꼬리는 없어요. 우리한테 아무런 해도 끼치지 않지요. 크기도 아주 작아서 다듬이벌레만 해요.

### 함께 해 봐요!

집 안에 거미랑 함께 있는 게 싫은가요? 거미는 그냥 손으로 쉽게 잡을 수 있어요. 우리한테 아무 짓도 안 하니까요. 그래도 굳이 거미를 만지고 싶지 않다면 유리병이랑 두꺼운 종이 한 장을 준비해요. 거미 위에 유리병을 올리면 일단 거미를 잡은 셈이에요. 그런 다음 유리병 아래 종이를 천천히 밀어 넣어요. 이제 병을 종이로 덮은 채 문가에 가서 거미를 풀어 주면 돼요.

# 사진 출처

**Peter Wohlleben:** 27쪽 (오소리 굴) · 70쪽 (토사물)

**Jens Steingässer:** 6쪽 (어린이) · 7쪽 (어린이) · 11쪽 (돌 더미) · 13쪽 (씨앗 폭탄) · 16쪽 (발자국) · 32쪽 (벼룩바구미) · 34쪽 (견과류) 35쪽 (꽃) · 36쪽 (사슴 똥) · 44쪽 (말) · 55쪽 (나무 무더기) · 59쪽 (새집) · 67쪽 (개미집) · 80쪽 (어린이) · 81쪽 (염소) · 85쪽 (어린이) 90쪽 (말) · 91쪽 (나방) · 99쪽 (고목나무) · 101쪽 (귀뚜라미, 어린이) · 112쪽 (말벌) · 113쪽 (노루) · 125쪽 (거미)

**Anja Fischer:** 56쪽 (야생당근)

**Mauritius:** 4쪽 Tierfotoagentur/A.v.Düren (멧돼지) · 22쪽 Nature in Stock/Wim Weenink (대륙검은지빠귀) 25쪽 Johann Hinrichs/Alamy (곤충 유치원) · 26쪽 imageBROKER (오소리) · 34쪽 imageBROKER (사슴) 47쪽 Vladimir Loshchenov/Alamy (뿔까마귀와 개) · 51쪽 Frank Hecker/Alamy (폭탄먼지벌레) 62/63쪽 Tierfotoagentur/A.v.Düren (멧돼지) · 68쪽 Prisma/Ausloos Henry (새끼 노루) · 86쪽 Prisma/bernhardt Reiner (쥐 둥지) 87쪽 John Richmond/Alamy (나방) · 93쪽 nature picture library/ Nick Hawkins (쇠돌고래) · 106쪽 Vadim Pacajev/Alamy (두꺼비) 107쪽 Chromorange/Martina Rädlein (까마귀) · 121쪽 buchcover.com/Ekkehart Reinsch (물고기)

**Shutterstock:** 표지 Mikhail Leontyev (숲) · 4쪽 Sushaaa (벌집) · 4쪽 Olexandr Panchenko (둥지) · 4쪽 creativex (늑대) · 4쪽 Marco Maggesi (개구리) 5쪽 schubbel (개와 고양이) · 5쪽 Rose Ludwig (무당벌레) · Bachkova Natalia (참새) · 5쪽 iwogryf (플라스틱 컵) · 5쪽 Miroslav Hlavko (기니피그) 10쪽 Lisa S. (민달팽이) · 10쪽 Rudmer Zwerver (다람쥐) · 11쪽 Fire-fly (물망초) · 12쪽 Anna Hoychuk (민들레) · 13쪽 AKV (비둘기) 14쪽 23frogger (강도래 애벌레) · 15쪽 Bildagentur Zoonar GmbH (뿔논병아리) · 15쪽 Poh Smith (백조) · 17쪽 Chris Moody (금풍뎅잇과 곤충) 18/19쪽 Sushaaa · 21쪽 Bildagentur Zoonar GmbH (쐐기풀나비) · 23쪽 Steve Photography (황새) · 23쪽 Red Squirrel (두루미) 24쪽 Geoffrey Kuchera (늑대) · 27쪽 Viesinsh (딱정벌레) · 29쪽 Iaranik (레아) · 29쪽 Andrew Buckin (무당벌레) · 30/31쪽 Olexandr Panchenko (제비 둥지) 32쪽 Savo Ilic (올챙이) · 33쪽 Rudmer Zwerver (유라시아피그미뒤쥐) · 35쪽 Henrik Larsson (하늘소) · 37쪽 Anatolich (송장벌레) · 37쪽 Atovot (집토끼) 38쪽 Rosemarie Kappler (나방) · 39쪽 Marek R. Swadzba (애벌레) · 39쪽 Volodymyr Burdiak (산토끼) · 40/41쪽 creativex (늑대) 42쪽 Claudia Steininger (말) · 43쪽 neil hardwick (꼬까울새) · 43쪽 Claudia Paulussen (코끼리) · 45쪽 Mary Swift (개) · 46쪽 Andrea Izzotti (돌고래) 46쪽 Brberrys (간지럼 타는 개) · 48쪽 Kandarp (공작) · 49쪽 maziarz (근위병) · 49쪽 Bildagentur Zoonar GmbH (알파인뉴트) · 50쪽 Fer Gregory (반딧불이) 51쪽 alslutsky (방아벌레) · 52/53쪽 Marco Maggesi (개구리) · 54쪽 Hector Ruiz Villar (산파개구리) · 55 Dieter Hermann (도롱뇽 유생) 56쪽 Bildagentur Zoonar GmbH (나비) · 57쪽 D. Kucharski K. Kucharska (벌레혹) · 57쪽 Peter Yeeles (늑대거미) · 58쪽 Donna A. Herrmann (아기 새) 58쪽 lorenza62 (대륙검은지빠귀 둥지) · 60쪽 vulpix (멧돼지) · 61쪽 John Carnemolla (오리너구리) · 61쪽 Bildagentur Zoonar GmbH (말) 64쪽 Jan phanomphrai (물고기) · 65쪽 Tunatura (모기) · 65쪽 Achkin (꽃등에) · 66쪽 Vishnevskiy Vasily (뻐꾸기알) · 67쪽 Roger Meerts (오이풀) 69쪽 Ramon Harkema (바다표범) · 69쪽 Stephan Morris (쇠족제비) · 69쪽 Simona Balconi (구과 열매) · 70쪽 Jaro Mikus (사슴) · 71쪽 Podolnaya Elena (비버) 72/73쪽 schubbel (개와 고양이) · 74쪽 Drakuliren (피리새) · 74쪽 Rudmer Zwerver (노루) · 76쪽 Sebastian Knight (지빠귀) · 77쪽 kzww (박새) 78쪽 Walking Nature World (망아지) · 78쪽 Akugasahagy (쥐) · 81쪽 Horia Bogdan (스라소니) · 82/83쪽 Rose Ludwig (무당벌레) · 84쪽 Constant (다람쥐) 85쪽 Victor Tyakht (족제비) · 87쪽 Dennis van de Water (참나무행렬나방) · 88쪽 Chris Holman (혹등고래) · 89쪽 Claudia Paulussen (집토끼) 91쪽 Alex Mladek (늙은 개) · 92쪽 Gallinago_media (칼새) · 94/95쪽 Bachkova Natalia (참새) · 96쪽 Vishnevskiy Vasily (깃털) · 97쪽 ZhdanHenn (지렁이) 98쪽 Bborriss.67 (개) · 100쪽 Jane Rix (멧돼지) · 102쪽 Paul Reeves Photography (말똥가리) · 102쪽 sunlight19 (우박) · 103쪽 Andrea Izzotti (멧돼지) 104/105쪽 iwogryf (플라스틱 컵) · 108쪽 Kelifamily (폭풍 피해) · 109쪽 Nataliia Melnychuk (말코손바닥사슴) · 110쪽 Kev Gregory (바다표범) 114쪽 Rudmer Zwerver (유럽무족도마뱀) · 115쪽 Erni (물까마귀) · 116/117쪽 Miroslav Hlavko (기니피그) · 118쪽 Djem(집토끼) 119쪽 Sergey Kamshylin (고양이와 소녀) · 120쪽 de2marco (물달팽이) · 122쪽 Mirko Graul (달팽이) · 123쪽 Henrik Larsson (입술대고둥) 123쪽 Manfred Ruckszio (애벌레) · 124쪽 Melinda Fawver (좀) · 125쪽 Gallinago_media (의갈) · 책 곳곳에 등장하는 양치류 그림 marssanya 책 곳곳에 등장하는 딸기 Semjonow Juri · 책 곳곳에 등장하는 참나무잎 OK-SANA

**istock:** 책 곳곳에 등장하는 활엽수 가지 bgfoto

# 페터 볼레벤과 함께
# 숲을 경험하고 놀라워하고 즐겨 보세요!

지식은 내 친구 018

**나무의 말이 들리나요?**
숲으로 떠나는 작은 발견 여행

페터 볼레벤 지음 | 장혜경 옮김

> 우리는 자연의 일부다. 두 발로 걸으며, 자연의 본모습을 망가뜨리지만 않는다면,
> 우리의 방문은 숲에 해가 되지 않는다. 모두가 숲으로 들어가 크고 작은
> 발견과 기적을 실제로 체험해 보기를 바라며……. _페터 볼레벤

나무한테 자기들만의 언어가 있을까요?
거리에서 숲에서 산에서, 밖으로만 나가면 만나는 나무들. 나무는 그냥 한자리에서 움직임이 없는 존재였지만
여기 섬세한 나무 통역사의 해설을 거치면 완전히 달라져요! 세계적인 생태 작가 페터 볼레벤이
'나무'라는 생명체의 비밀을 하나하나 풀어 가며 우리가 몰랐던 신비로운 세계로 안내해요.
숲지기와 환경 운동가로 활동한 수십 년 경험과 최신의 학문적 성과를 바탕으로
'나무의 세계'라는 놀라운 발견 여행을 함께 하도록 이끌지요. 세상에, 나무는
우리처럼 감정이 있어요. 알면 알수록 나무의 세계는 놀랍고 신비로워요!

Illustrationen von Stefanie Reich

어린이들의 지식 친구

# 지식은 내 친구

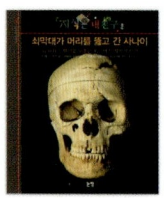     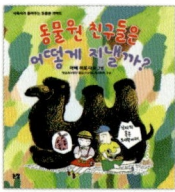 

   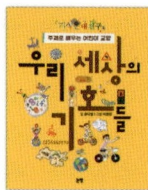  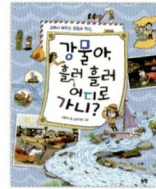 

   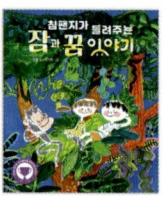 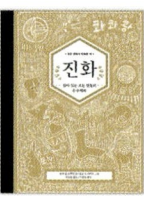  

## 여러분 각자의 세계를 탐구하세요.
## 온갖 것에 호기심을 갖고 질문하세요.

001 쇠막대가 머리를 뚫고 간 사나이 존 플라이슈만　002 신기한 동물에게 배우는 생태계 햇살과나무꾼
004 놀라운 생태계, 거꾸로 살아가는 동물들 햇살과나무꾼　005 호시노 미치오의 알래스카 이야기 호시노 미치오
006 인간의 오랜 친구 개 김황　007 동물원 친구들은 어떻게 지낼까? 아베 히로시　008 산에 가면 산나물 들에 가면 들나물 오현식
009 동물의 대이동 김황　010 세상을 바꾼 상상력 사과 한 알 정연숙　011 자연에서 배우는 발명의 기술 지그리트 벨처
012 우리 세상의 기호들 유다정　013 사람은 왜 꾸미는 걸까? 정해영　014 강물아, 흘러 흘러 어디로 가니? 신현수
015 고릴라에게서 평화를 배우다 김황　016 숲으로 호시노 미치오　017 어린이를 위한 미술관 안내서 김희경
018 나무의 말이 들리나요? 페터 볼레벤　019 침팬지가 들려주는 잠과 꿈 이야기 김황
020 진화-살아 있는 모든 것들의 수수께끼 얀 파울 스휘턴　021 인간-너와 그 속에 사는 수많은 이들의 기적 얀 파울 스휘턴
022 동물들이 어디 사는지 아나요? 페터 볼레벤

문화체육관광부 우수교양도서 | 한국출판문화산업진흥원 추천도서 | 세종도서 교양부문 선정 | 경기도우수출판콘텐츠 선정도서
어린이도서연구회 권장도서 | 한우리독서문화운동본부 권장도서 | 학교도서관저널 추천도서 | 아침독서운동 추천도서
서울환경연합 추천도서 | 오르비스픽투스 논픽션상 | 화이트 레이븐스 | 황금붓상 | 황금연필상 | 황금튤립상

Illustrationen von Stefanie Reich